첫 주식은 피터 린치처럼

시작하며

저는 츠바메투자고문이라는 회사를 경영하며 개인 투자자들에게 장기 투자에 대한 조언을 하고 있습니다. 장기 투자로 가장 유명한 투자자를 꼽자면 워런 버핏일 것입니다. 주식 투자로 100조 이상의 자산을 쌓은 인물입니다. 버핏의 투자 방법은 매우 심오하며, 이해하는 데 상당한 시간이 필요합니다. 이제 막 투자를 시작한 초보자에게는 효과를 실감하기 어려운 내용도 많습니다. 초보자도 이해하기 쉽고 효과를 실감할 수 있는 방법은 없을까 고민하게 되었고, 그에 대한 답으로 이 책의 주인공인 '피터 린치'를 소개하려 합니다. 피터 린치는 1970~1980년대 미국의 투자신탁회사 피델리티에서 '마젤란펀드'라는 투자신탁의 펀드매니저로 활동했습니다. 13년이라는 시간 동안 연평균 29.2%라는 경이로운 수익률을 기록한 인물이기도 합니다. 미국에서 투자업에 종사하고 있는 사람이라면 누구나 그 이름을 들어봤을 것입니다.

린치가 가졌던 기본적인 생각은 '아마추어이기 때문에 전문 투자자를 이길 수 있다'였습니다. 우리 주변의 일상을 관찰하고 그 안에서 훌륭한 종목을 찾아 프로보다 빨리 투자하는 것. 린치는 이 생각을 직접 실천했으며, 그 덕분에 많은 '텐배거(10배주)'를 발굴할 수 있었습니다.

마젤란펀드의 운용에서 은퇴한 후, 린치는 개인 투자자 육성에 힘을 쏟았습니다. 이 책에서 설명하는 '텐배거를 노리기 쉬운 주식'은 투자에 익숙한 사람은 물론 초보자들도 실천해 볼 수 있는 내용으로 구성했습니다.

당신이 이 책을 펼쳤다는 것은 이미 투자를 하고 있거나 적어도 투자에 관심이 있다는 뜻입니다. 만일 아직 투자 기법이 굳어지지 않았다면 린치의 이야기는 당신에게 좋은 나침반이 될 것입니다. 꼭 몇 번이고 다시 읽어 텐배거를 찾을 수 있기를 바랍니다.

가코이 슌스케

시작하며 4

PART 1 캐디 아르바이트를 하며 주식과 만나다

'텐배거'를 노리는 투자가	12
주식 투자의 시작부터 텐배거를 찾다	12
주요 장면 대학에서 논리학 강의를 듣다	26
숫자만 좋아하는 사람은 주식과 맞지 않는다	26
교양 수업 위주의 대학 생활	26
투자 기법 비논리적 사고는 투자 실패의 원인	28
주가 차트만으로 판단하지 않기	28
'비논리적인 사고'에 빠지지 않기	31
주요 장면 첫 투자로 텐배거를 달성하다	33
첫 주식 투자	33
종목에 따라 시세 변동의 유형이 다르다	34
투자 기법 종목 유형을 구분하여 텐배거를 노리기	35
주식은 6가지로 분류할 수 있다	35
각 유형의 특징	37
텐배거가 되기 쉬운 주식	38
어느 유형에 속하는지 검토하기	41

PART 2 피델리티에 입사하여 배운 종목 리서치 기술

투자가가 된 계기	44
'이론'보다 '현장'을 알아야 한다	44

'경험'으로 찾은 유망주	45
주요 장면 신입 시절 기업의 리서치를 담당하다	58
아르바이트를 계기로 인턴에 지원하다	58
인턴으로 본격 업무를 시작하다	58
애널리스트로서 정식 입사	59
투자 기법 PEG 비율로 성장성 있는 저평가주 찾기	60
종목의 저렴한 정도를 수치화한 PER	60
낮은 PER에 집착하면 실패하고 만다	60
성장률을 가미한 PEG 비율	62
주요 장면 기업 방문으로 숫자 이외의 정보를 얻다	64
'직접' 정보를 얻다	64
방문으로 알 수 있는 '의외의 조합'	64
린치가 선호하는 종목의 특징	65
투자 기법 텐배거를 발견하기 위한 13가지 요소	66
주목받지 못한 종목에 투자하기	66

PART 3 마젤란펀드에서 활용했던 종목 선택법

개인 투자자는 소비의 최전선에 있다	72
전문 투자자는 먼저 나서지 않는다	73
주요 장면 아내의 쇼핑 바구니에서 발견한 유망주	90
애널리스트 시절의 방법으로는 간파할 수 없었다	91
투자 기법 일상생활에서 힌트 얻기	92
주변인이 관심 갖는 상품을 관찰하기	92
판매량 랭킹을 참고하기	92
자신이 이해할 수 있는 수익 구조인지 판단하기	94

주요 장면 모텔에 직접 묵으며 조사하다	97
경쟁 상대를 듣고 투자하다	97
직접 서비스를 체험하다	97
투자 기법 기업의 스토리를 구상하기	99
회사 또는 업계를 이해할 것	99
유형별로 주목 포인트가 달라진다	100
주요 장면 도넛 가게 등 소형 성장주에 투자	104
실패가 눈에 띄지 않은 4년	104
린치의 경력을 지탱한 종목	105
투자 기법 소형주는 아마추어의 강점이 빛나는 투자처	106
아마추어는 제약이 없다	106
업무상 알게 된 시장의 동향 활용하기	106
자사주는 피하고 같은 업계의 타사에 주목하기	108
자신의 투자 스타일을 재확인하기	109
주요 장면 투자할 종목을 90초 이내로 설명하기	113
정보 공유 회의의 프레젠테이션	113
900개 종목의 동향을 추적하다	114
감상이나 의견은 금지	114
투자 기법 종목의 스토리를 요약해서 이해도 높이기	115
이해도를 파악하는 기준은 90초	115
스토리를 전하는 프레젠테이션	115
자신의 말로 설명하기	118
90초 이내에 발표하기	119

PART 4 실패로 배운 매매 기술과 버팀목이 된 실적회복주

쇠퇴한 유명 기업	122
다른 사람의 말에 휘둘리지 않는다	123
주요 장면 린치의 말을 버핏이 인용하다	136
늘 갖고 싶었던 종목을 발견하다	136
팔아 치운 급성장주	136
'투자의 신'에게 걸려 온 전화	137
투자 기법 유망 종목의 매매 타이밍	138
프로도 고민하는 매매 타이밍	138
저성장주 매매	138
우량주 매매	140
시황관련주 매매	142
급성장주 매매	143
실적회복주 매매	143
자산주 매매	144
주요 장면 도산 직전이었던 크라이슬러에 투자	145
자동차주가 펀드를 크게 만들다	145
TV 방송에서 크라이슬러를 추천	146
투자 기법 유망 종목을 발견하는 결산 정보 읽는 법	147
대차대조표에 주목	147
부채액을 파악하기	149
회사의 '저축'에 주목하기	151

PART 5 은퇴 결심과 개인 투자자로서의 텐배거 탐구

1990년에 은퇴	154
많은 기업의 제안을 거절	155
주요 장면 텐배거를 놓치지 않기 위한 행동	168
스스로 부과한 '숙제'	168
린치가 놓치지 않았던 종목	169
투자 기법 유명한 시장 이외로도 눈을 돌리기	170
신흥시장에도 기회가 있다	170
지방의 증권소	172
해외주식에도 눈 돌려 보기	172
주요 장면 초등학생 '투자가'에게 명언을 배우다	174
70%의 수익률을 낸 초등학생들	174
투자 수업에서 가르친 내용	174
분산 투자의 기준	176
투자 기법 보유 종목 수는 5종목 이내	177
분산 투자로 리스크 회피	179
린치의 추천은 분산 투자	180

피터 린치의 연대기	182
마치며	186

PART 1

캐디 아르바이트를 하며 주식과 만나다

> **"처음 산 주식은 미래 투자의 기초가 된다"**
>
> ─ 1989년 《전설로 떠나는 월가의 영웅》 제1장에서

'텐배거'를 노리는 투자가

투자의 세계에서는 주가가 10배로 오른 종목을 '텐배거'라고 말한다. '배거'는 야구 용어로 '루타'를 뜻하며, 이에 빗대어 한 시합에서 10루타를 기록할 정도의 경이적인 종목을 텐배거라고 부른다.

이 텐배거라는 말은 피터 린치가 처음 사용한 투자 용어로 알려져 있다. 린치는 주가가 몇 배씩 상승할 것을 내다보며 아직 아무도 눈여겨보지 않은 종목에 과감하게 투자하여 성공한 투자가이기도 하다.

그는 피델리티 펀드매니저로 '마젤란펀드'의 운용을 담당했고 많은 텐배거 종목을 펀드에 담았다. 1977년에 시작해 불과 13년 만에 펀드 자산을 777배까지 성장시켜 '전설의 펀드매니저'로 불리게 되었다.

주식 투자의 시작부터 텐배거를 찾다

린치는 주식과 거리가 먼 환경에서 자랐다. 그의 가족과 친척들은 주식 투자에는 큰 관심이 없었다. 하지만 투자를 모르는 린치의 가족에게도 1929년 세계 공황*은 중대한 사건이었다. 대폭락의 여파로 1933년에는 미국 전체 은행

---

* 세계 공황: 1929년 10월 뉴욕 주식 시장의 주가 대폭락으로 시작된 세계적인 경기 후퇴.

의 40%에 해당하는 1만 개의 은행이 도산했다. 버티지 못한 기업들이 차례대로 무너졌고, 당시 실업자 수는 1,300만 명에 달했다. 뿐만 아니라 주가 폭락으로 주식 투자를 하던 사람들 역시 큰 손실을 보게 되었다. 이 때문에 그의 가족과 친척들은 '주식을 하면 손해를 본다', '돈을 전부 잃는다'라고 생각하게 되었고, 어린 린치에게도 그렇게 가르쳤다.

이러한 가운데 아버지를 암으로 떠나보낸 린치는 집안을 돕기 위해 11세부터 골프장 캐디 아르바이트를 시작했다. 그리고 이를 계기로 주식은 린치에게 친숙한 존재가 된다. 골프장에는 유명한 회사의 사장과 중역들이 자주 왔고, 그들은 '어떤 종목으로 재미를 봤다'는 이야기를 자주 나눴다. 골프를 하면서도 투자에 대한 잡담을 나누는 일이 많았다. 그 덕분에 린치는 아르바이트를 하면서 자연스레 주식에 대한 지식을 쌓을 수 있었다.

그는 대학에 입학한 후 직접 주식 투자를 시작했다. 대학 강의에서 '항공 화물 사업의 장래가 밝다'는 기사를 본 것이 계기가 되었는데, 거기에 소개된 '플라잉타이거항공'이라는 항공사의 주가가 오를 것이라고 본 린치는 그 회사 주식을 사들였다. 당시 주가는 7달러밖에 되지 않았는데, 2년 만에 5배로 뛰었고 결국 텐배거가 되었다. 린치는 이때 얻은 이익으로 경영대학원 학비를 충당할 수 있었다.

린치는 이 일을 첫사랑이 미래의 로맨스에 영향을 미치는 것에 빗대어 '처음 산 주식은 미래 투자의 기초가 된다'고 표현했다. 실제로 이 경험을 바탕으로 그는 텐배거를 찾는 방법을 확립했고, 전설의 펀드매니저로 불리는 수준까지 성장할 수 있었다.

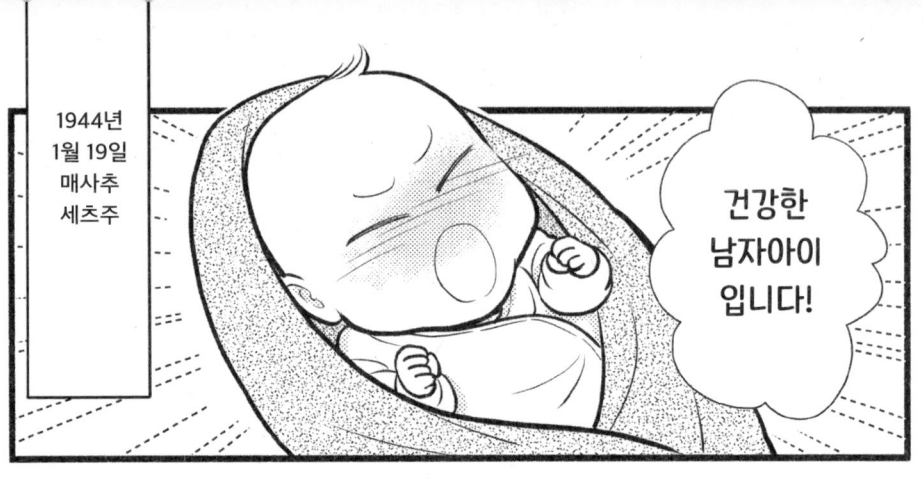

1954년

아빠… 아빠…!

○시 ○○분

흑흑…

린치가 10살이 되던 해

3년간의 투병 끝에 아버지가 뇌암으로 세상을 떠났다

플라잉타이거항공 주가가 매수했을 때보다 5배나 올랐네!

대단해…

… 투자는 말이다

역시 주식으로 손해만 보는 건 아니야

성공할 수도 있어

플라잉타이거항공 주가는 2년도 채 되지 않아 파이브배거가 되었고

첫 투자로 성공을 경험한 린치는 매우 들떠 있었다

주요 장면

대학에서 논리학 강의를 듣다

숫자만 좋아하는 사람은 주식과 맞지 않는다

투자 경험이 없는 사람에게 투자란 '어려운 숫자와 마주하며 주가의 움직임을 면밀히 예상하는 것'이라는 이미지가 강할 것이다. 그러나 린치는 '회사의 자산은 얼마이고 부채는 얼마인가' 등 초등학교 4학년 정도의 계산 지식만으로도 충분히 투자를 시작할 수 있다고 말한다.

애당초 숫자만으로 주식이 성공할 수 있다면 컴퓨터를 사용하여 큰돈을 벌 수 있을 것이다. 그러나 실제 투자에서 그런 방법으로 큰돈을 번 사람은 없다. 과학적인 지식에 근거하여 치밀하게 계산했다고 해도 계산대로 주식 투자를 할 수 있는 것은 아니기 때문이다. 이러한 점에서 린치는 '무엇이든 수치화하고 싶어 하는 사람은 주식 투자에 적합하지 않다'고 표현했다.

화요일은 논리학, 수요일과 금요일은 정치학 그리고 필수 과목이랑…

교양 수업 위주의 대학 생활

린치는 1965년에 보스턴 칼리지를 졸업하고 학위를 받았다. 대학에 다닐 때 금융과 관련된 강의는 최소한으로만 들었고 역사학이나 심리학,

형이상학, 인식론, 논리학, 종교, 그리스 철학 등 문화적 교양을 갖추는 강의를 중점적으로 들었다. **비즈니스와 관련된 통계학이나 경영학 등은 배우지 않았다.** 훗날 린치는 대학 시절을 회상하며 '주식과 관련된 일을 하기 전에 통계학보다 역사학과 심리학을 배워서 좋았다', '주식 투자는 과학이라기보다 예술이기 때문이다', '논리학은 월가의 사고방식이 비논리적임을 이해하는 데 도움이 됐다'고 말했다.

주가는 종종 예측 불가능한 움직임을 보인다. 월가의 투자가나 애널리스트들이 '당분간 주가가 정체될 것'이라고 전망하더라도, 이들의 예상을 깨고 주가가 크게 오르내릴 수 있기 때문이다. 예상을 벗어난 가격 변동을 이해할 수 없었던 당시의 투자자들은 '다음 선거에서는 공화당이 이길 테니 주가가 오른다', '치마 길이가 짧아져서 주가가 변동했다' 등 무리한 억지 이유를 들어 생각하는 경우가 많았다. 린치는 이러한 주장들이 고대 그리스인들이 생각한 '닭과 태양 이론'과 닮은 점이 많다고 말했다.

고대 그리스인들은 아침에 우는 닭 때문에 '닭 울음소리로 태양이 뜬다'고 믿었다. 현대 과학으로 보면 이러한 인과 관계는 없다고 단언할 수 있겠지만, 당시 그리스인들은 눈앞에서 일어난 일을 믿었기 때문에 이와 같은 오해를 하고 있었다. 이와 마찬가지로 당시 월가의 투자자들도 주식 시세와 무관한 사안을 들어 자신의 실패를 인정하려 하지 않았다.

린치는 대학에서 들었던 논리학 등 교양 강의를 통해 **이러한 '잘못된 인과 관계의 오류'를 객관적으로 바라볼 수 있었다.** 그리고 자신이 투자에 실패했을 때 왜 실패했는지 돌아볼 수 있는 '눈'을 갖게 되었다.

투자 기법

비논리적 사고는 투자 실패의 원인

주가 차트만으로 판단하지 않기

린치는 대학에서 배운 귀납법과 연역법 등 하나씩 단계를 밟아 가며 생각하는 사고를 기를 수 있게 도와준 논리학이 펀드매니저가 된 후 '월가의 비논리적인 사고를 식별'하는 데 도움이 됐다고 말했다.

예를 들어 투자의 세계에서는 실적 저조로 주가가 크게 떨어졌을 때 '여기까지 떨어지면 이제 오를 것'이라고 예상하는 사람이 많다. 하지만 이 말처럼 예상치만큼 떨어진 주가가 곧바로 상승하지는 않는다. 린치에 의하면, **그때 그때의 시장 정세나 경영 상황에 따라서 주가가 더 내려가는 경우도 있다.**

예를 들어 우수한 상품을 개발하여 일시적으로 주가가 올랐다고 생각해 보자. 이후 후발 기업의 유사 상품이 대거 판매되어 시장이 포화되었다면, 만들어 놓은 물건들은 팔리지 못해 실적이 떨어질 것이고 주가도 하락할 것이다. 따라서 주식 투자는 차트가 전부가 아니다. 업계 전체의 경쟁이나 경제 상황도 함께 살펴봐야 성공할 수 있다.

린치는 시야가 좁고, 잘못된 생각에 사로잡혀 있으면 투자에 실패할 수밖에 없다고 콕 집어 말했다. 그가 뽑은 '투자자들이 흔히 하는 잘못된 생각' 몇 가지를 소개한다.

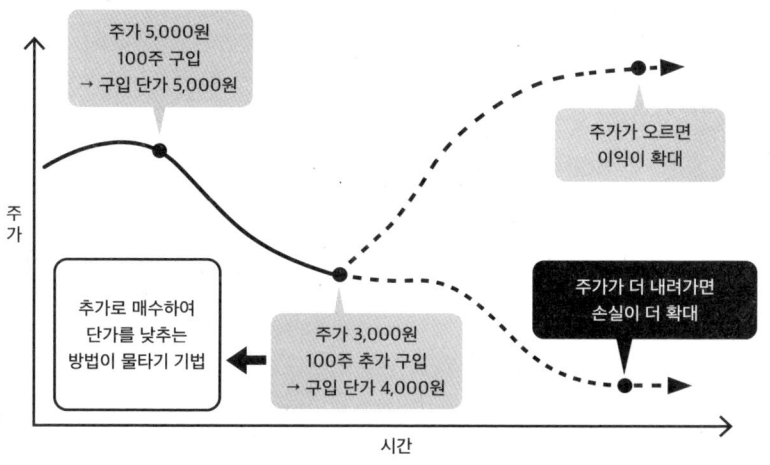

1 주가가 바닥을 치면 감으로 알 수 있다

주식 투자는 쌀 때 사고 비쌀 때 파는 게 기본이다. 그러다 보니 주가가 가장 저렴한 타이밍(최저점)을 노리기 위해 어떻게든 기를 쓰는 사람이 있다. 그런 사람은 싸다고 판단했을 때 일단 매수에 나선다. 하지만 그 후 주가가 더 떨어지면 다시 추가 구매하는 '물타기' 방법을 사용한다. 이런 방법은 구입 단가를 내리기 때문에 나중에 주가가 오르게 되면 큰 이익을 낼 수 있다. 하지만 물타기 후 주가가 더 떨어진다면 손실 위험은 더 커진다.

투자에는 '떨어지는 나이프는 잡지 말라'는 말이 있다. 물타기는 '투자에 익숙한 사람도 실패하는 위험한 방법'으로 여겨진다. 린치는 이에 빗대어 '나이프가 땅에 박히기를 기다렸다가 흔들림이 완전히 멈춘 뒤에 잡아야 한다'고 이야기한다. 저점은 아무도 모르므로 무작정 물타기를 해서는 안 된다는 말이다.

2 대기업의 주가는 떨어져도 결국 회복된다

세계적으로 성공한 기업이라도 스캔들이나 경영난 때문에 도산하는 경우가 있다. 예를 들면 2010년 회사갱생법会社更生法*이 적용된 일본항공JAL이 그렇다. 2010년 1월 이 회사는 채무초과상태에 이르러 경영이 곤란한 상태로 회사갱생법이 적용되었다. 그 결과, 상장폐지가 되었고 주식의 가치는 제로로 떨어졌다.

대기업은 일시적으로 주가가 떨어져도 몇 년 뒤 다시 상승하는 경우가 많지만 일본항공처럼 파산으로 상장폐지되는 경우도 있기 때문에 '대기업이니까 주가는 다시 회복될 것'으로 생각한다면 큰 오산이다.

3 주가가 오르면 올바른 투자를 한 것이고, 주가가 떨어지면 잘못된 투자를 한 것이다

주식을 산지 3일 만에 주가가 크게 올랐더라도 단기간에 매매를 끝낼 트레이더가 아니라면 '투자에 성공했다'고 기뻐하기는 이르다. 주가는 단순히 '그 종목을 다른 사람보다 더 비싼 값에 샀느냐, 싼값에 샀느냐'를 나타내는 것에 지나지 않는다. 린치는 주가로 투자의 옳고 그름을 언급하지 않았다. 그가 노리는 것은 기업의 성장이다. 기업이 성장하면 시간이 지남에 따라 주가도 크게 상승한다. 몇천 원의 주가 상승으로는 기업의 성장성을 가늠할 수 없기 때문에 신경 써도 크게 바뀌는 것이 없다.

---

* 회사갱생법(会社更生法): 도산 절차를 정한 일본 법률. 경제적으로 한계에 달한 회사의 갱생 계획을 세워 회사의 재건을 도모함.

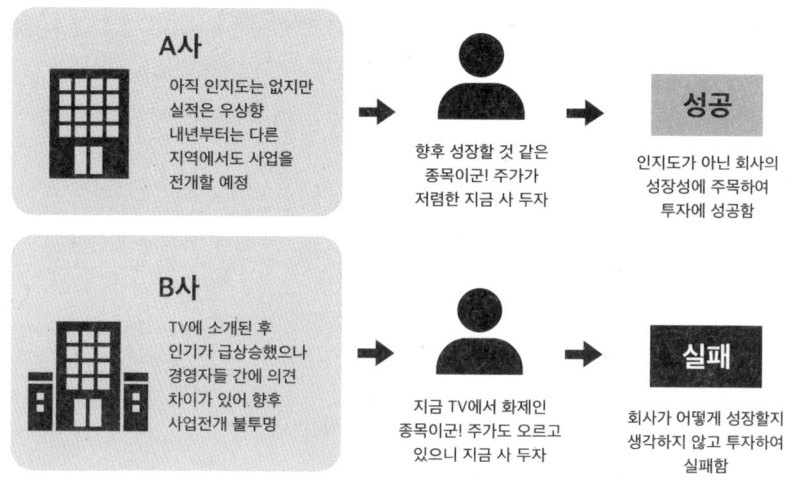

'비논리적인 사고'에 빠지지 않기

이것은 '미래에 주가가 오를 가능성이 있는지' 확인하지 않고 현재 주가만을 보고 투자한 경우다. '주가가 왜 내려가고 있는지', '실적 개선 등 미래에 주가가 오를 요소는 없는지'를 제대로 확인한 뒤 손절매할지 보유할지를 판단해야 한다. 매번 투자에 실패하는 사람들은 그러한 검증을 거치지 않고 스스로를 안심시키기 위해 비논리적인 사고에 빠진다. 린치는 '모든 주식의 배후에는 회사가 있다'라는 말을 남겼다. 이는 기업의 실적이 주가에 큰 영향을 주기 때문에 기업 자체에 주목해야 한다는 의미다. 앞서 말한 바와 같이 매출과 이익이 순조롭게 늘어나면 그에 따라 주가도 상승한다. 린치는 아직 주가가 저렴하고 향후 성장이 기대되는 기업을 찾아 투자했기 때문에 성공적인 투자를 할 수 있었다.

그러나 그중에는 실적이 늘어나고 있음에도 수년간 주가가 변하지 않는 종목도 있다. 때로는 주가가 하락하여 팔고 싶어지는 순간도 있지만, 일시적인 주가 움직임은 무시하고 중장기 투자 전략을 취하는 것이 중요하다. 계속되는 하락세로 걱정이 된다면 '기업이 실적을 올리기 위해 어떤 노력을 하고 있는지' 주목한다. 예를 들어, 채산성이 안 나오는 부문을 줄이는 등 노력을 하고 있다면 향후의 실적 향상을 기대해 볼 수 있다. 현금이 많고 부채가 적다면 그 역시 실적 개선을 기대할 수 있는 부분이다.

린치식 투자법의 첫걸음은 주식 차트만 들여다보는 것이 아니라 기업 그 자체에 주목하는 것이다.

> **POINT**
> - 좁은 시야를 벗어나기
> - 주식 차트 뿐만 아니라 실적 성장이나 실적을 올리기 위한 기업의 노력에 주목하기

> 주요 장면

첫 투자로
텐배거를 달성하다

첫 주식 투자

린치가 주식 투자를 시작한 것은 1963년 그가 대학교 2학년 때였다. 골프장 캐디 아르바이트를 하며 장학금까지 받았던 터라 투자를 할 수 있을 만큼의 여유 자금이 있었다.

어느 날 린치는 '항공업계의 미래가 밝다'는 기사를 보게 된다. 기사에는 항공업계의 전망과 함께 항공 화물 운송업체인 플라잉타이거항공이 소개되어 있었다. 이 기업이 린치가 처음 구입한 종목이다. 구입한 주식은 10주. 당시 주가는 7달러였다. **결과적으로 이 종목은 대박이 나서 매수한 지 불과 2년 만에 주가가 5배나 뛰었다.**

다만, 플라잉타이거항공의 주가가 오른 요인은 린치의 예상처럼 항공업계가 성장했기 때문은 아니었다. 1960년대에 베트남 전쟁이 시작되면서 화물 수송 수요가 급속히 높아진 것이 진짜 이유였다. 플라잉타이거항공도 이 전쟁의 화물 수송에 사용되었기 때문에 회사가 큰 이익을 얻을 수 있었던 것이다.

린치는 이 주식을 조금씩 팔아 그 이익으로 경영대학원 학비를 충당했고, 주식은 최종적으로 처음 투자한 금액의 10배로 늘어났다.

린치가 진학한 경영대학원은 펜실베이니아대학교 와튼스쿨이었다. 린치는 와튼스쿨 강의에 대해 '피델리티에서의 실무와는 다르다' 등 부정적인 의견을 냈다. 하지만 이 학교는 현재 고도의 비즈니스를 배울 수 있는 곳으로 유명하며 국내외에서 인기가 높다. 세계 최고의 투자가로 불리는 워런 버핏도 한때 이곳을 다닌 바 있다.

종목에 따라 시세 변동의 유형이 다르다

플라잉타이거항공의 텐배거는 시작에 불과했다. 그 후에도 린치가 여러 종목의 텐배거를 맞힐 수 있었던 것은 '어떤 종목이 텐배거가 될까', '어떤 종목이면 이익이 좋을까'를 분석하고 이를 바탕으로 투자했기 때문이다. 분석을 위해 투자한 종목마다 노트에 꼼꼼히 메모했고, 왜 그 종목을 샀는지 기억나지 않을 때면 노트를 다시 찾아봤다고 한다.

린치에 따르면 주식 시장의 움직임을 늘 예측할 수는 없다. 할 수 있더라도 완벽하지 않으므로 주식 투자에는 명확한 공식이 존재하지 않는다. 하지만 어떤 요인으로 인해 실적이 변화하고 있는지 안다면 주가 움직임도 어느 정도 예측할 수 있다.

회사 규모에 따라 실적이 늘어나는 방식도 달라진다. 거대 기업이라면 실적이 배가 되는 것은 어렵지만 소규모 회사라면 실적이 5배, 10배로 늘어날 가능성이 크다. 린치는 이를 바탕으로 주식 종목을 6가지 유형으로 분류하여 정리했다. 대학 시절 텐배거를 맞힌 성공 경험을 바탕으로 종목을 조사하고 주식을 매매하는 투자 스타일을 익혔다.

투자 기법

종목 유형을 구분하여 텐배거를 노리기

린치가 말하는 주식의 6가지 유형

구분	특징
① 저성장주	성장 가능성이 없는 대기업은 배당 목적으로 투자하는 것이 일반적
② 우량주	기업 규모가 크지만 ①보다 성장의 여지가 있으며 불황에 강하다
③ 자산주	가치 있는 자산을 소유하고 있는 종목
④ 급성장주	성장률이 연 20~25%인 종목으로, 순조롭게 성장하면 주가도 크게 오른다
⑤ 시황관련주	경기 동향에 영향을 받기 쉬운 종목으로, 주가 변동이 있으므로 매매 타이밍이 중요하다
⑥ 실적회복주	잠재적으로 도산 위험이 있는 종목으로, 실적이 회복되면 주가도 상승한다

텐배거를 노린다면 ④~⑥의 종목이 좋다!

주식은 6가지로 분류할 수 있다

주가는 시장 전체의 흐름, 경기 변동에 따라 큰 폭으로 상승하는 경우가 있다. 기업 유형에 따른 주가 변동의 패턴은 어느 정도 분류가 가능하다. 예를 들어, 대기업은 회사가 성숙하고 회사 규모가 크기 때문에 큰 폭의 주가 상승을 기대하기는 어렵다. 일본 기업을 예로 들면 '혼다'로 친숙한 혼다기연공업(7267)은 2020년도 매출액이 약 150조 원에 이르는 대기업으로, 출시된 신차 역시 순조롭게 인기몰이를 하고 있다. 그러나 최근 10년간의 주가를 살펴보면 위아래로 약간의 변동은 있지만 눈에 띄는 움직임은 보이지 않는다.

한편, 일본신약(4516)은 10년 전까지 매출액이 약 6천 7백억 원, 주가는 약 만 원 안팎으로 상장사 중 규모가 작은 '소형주'였다. 그러나 2021년의 매출액은 약 1조 2,100억 원이 되었고 같은 연도 최고점일 때는 주가가 10만 원대까지 올랐다. **소규모 기업이라면 이 같은 성장의 여지를 기대할 수 있는 것이다.** 이러한 경향을 세분화하면 주식은 '저성장주', '우량주', '자산주', '급성장주', '시황관련주', '실적회복주' 등 6종류로 분류된다.

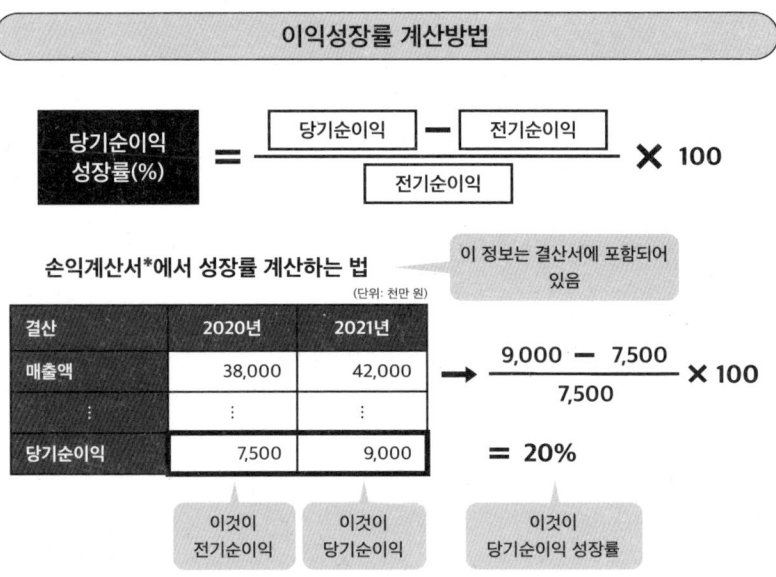

* 손익계산서: 결산서에 포함되는 재무제표 중 하나로 P/L이라고도 함. 기업의 일정 기간 동안의 수익과 비용을 나타낸다.

각 유형의 특징

앞서 말한 혼다기연공업과 같이 이미 성숙하여 성장률이 작아지고 있는 종목을 '**저성장주**'라고 한다. 성장률이란 매년 이익이 얼마나 증가하고 있는지를 나타내는 수치(이익성장률)이다. 예를 들어, 전기(전년)의 이익이 100억, 당기의 이익이 102억이라면 이익성장률은 2%가 된다. 저성장주의 이익성장률은 2~3% 정도에 그친다.

저성장주는 배당이나 주주우대가 목적인 투자라면 적합하지만 텐배거를 노리는 투자라면 적합하지 않다. 일본 주식으로 말하자면 도요타자동차(7203)나 KDDI(9433)와 같은 대기업도 이에 해당한다.

대기업 중에서도 저성장주를 웃도는 성장세를 보이는 것이 바로 '**우량주**'다. 대기업이지만 시장 확대, 수익과 이익 증가의 여지가 있기 때문에 2~4배의 가격 상승을 기대할 수 있다. 또 **기업 규모가 크기 때문에 불황에 강하다는 장점이 있다.** 하지만 우량주로 투자해 목돈을 벌기 위해서는 10~20년 정도의 오랜 시간이 필요하기 때문에 같은 시간을 들인다면 뒤에 언급할 급성장주를 추천한다. 급성장주로 10배가 되는 것을 노리는 쪽이 더 빠른 시간 안에 더 많은 이익을 창출할 수 있다. 세제나 바디케어 용품 등 일용품을 제조하는 카오(4452)는 매해 이익성장률에 다소 변동성이 있지만 5년, 10년과 같이 장기적으로 성장하고 있어 우량주에 속한다.

3번째는 '**자산주**'다. 애널리스트나 전문 투자자가 아직 찾지 못한 것으로, 어떠한 자산을 가지고 있는 종목을 말한다. 자산에는 현금 외에도 부동산, 토지, 금속, 석유, 신문 등이 해당된다. 전국에 점포를 둔 체인점이라면 그 점포를 자산으로 생각할 수 있다. 또, 그러한 자산이 현재 주가에 반영되어 있는지 확인하는 것도 중요하다. 만약 막대한 자산이 있는 기업임에도 불구하고 현재의 주가가 낮다면 그 종목은 매수하는 것이 이득이기 때문이다.

앞서 말한 자산 중 **가치를 파악하기 쉬운 것이 있다면 바로 부동산이다.** 기업에 따라서는 회사 소유 부동산의 시가 평가액을 유가증권보고서*에 공표하고 있으므로 부동산 가격을 잘 모르더라도 쉽게 알아볼 수 있다. 기업이 보유한 부동산 가격을 안다면 발행 주식 수로 나눠 1주에 해당하는 부동산 가격을 산출하여 1주당 주가와 비교해 보자.

텐배거가 되기 쉬운 주식

남은 3종류는 린치가 '텐배거를 노리기 쉽다'고 생각하는 주식이다. '**급성장주**'는 연 20~25%의 속도로 성장해 10배뿐만 아니라 100배, 200배를 노려볼 수 있는 주식이다. 일본의 급성장주로 DIP(2379)를 예로 들 수 있다. 2007년부터 2013년까지 주가가 약 1,000원을 밑도는 상태가 계속되다가 한때는 약 350원까지 떨어졌지만, 2014년부터 주가가 급상승하기 시작했고, 2021년 11월에는 약 4만 2천 원대까지 상승했다. 다만, **해당 유형의 주식은 도중에 자금 사정이 어려워져 더 버티지 못하는**(도산 혹은 사업을 축소해 버리는) **경우**도 있으니 주의해야 한다.

생필품 등과 같이 항상 수요가 있는 산업이라면 갑작스러운 위기를 맞는 것은 드물다. 하지만 그렇지 않은 경우라면 항시 이익을 내기 어렵기 때문에 무리한 사업 확장은 오히려 독이 될 수 있다. 그 예로 들 수 있는 것이 외식 체

---

* 유가증권보고서: 상장기업이 공개하는 기업 정보를 말한다. 결산 정보 등 투자에 대한 정보를 제출하는 것이 법률로 의무화되어 있다.

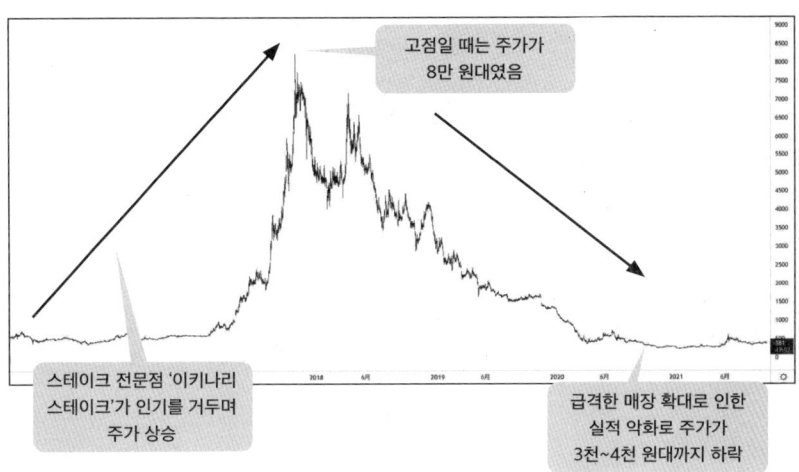

급성장주의 '고비'

페퍼푸드서비스(3053)의 일봉 차트(2015년 6월~2021년 9월)

고점일 때는 주가가 8만 원대였음

스테이크 전문점 '이키나리 스테이크'가 인기를 거두며 주가 상승

급격한 매장 확대로 인한 실적 악화로 주가가 3천~4천 원대까지 하락

인 사업을 전개하는 페퍼푸드서비스(3053)이다.

2011년은 주가가 약 600원대였지만 스테이크 전문점 '이키나리 스테이크'가 인기를 얻으면서 급격하게 점포를 늘려 나갔다. 주가도 고점일 때는 약 8만 원대까지 상승했다. 하지만 점포를 무리하게 늘린 나머지 같은 체인점끼리 손님을 쟁탈하는 상태가 되면서 실적이 부진해지기 시작했다. 또 2016년에는 부채가 약 140억 원이었으나 2018년에는 약 520억 원으로 급격히 증가했다. 그 결과 고비를 맞게 되었고 2021년 11월 기준 주가는 약 3천 원대 후반까지 떨어졌다.

'**시황관련주**'는 세계 동향(경기나 정책 등)에 따라 매출이 오르내리기를 반복한다는 특징을 가지고 있다. 자동차, 타이어, 항공, 철강, 화학 등과 같은 산업이 이에 해당한다. 타이밍을 잘 맞춰 매매할 수 있다면(즉, 쌀 때 사서 비쌀 때 팔 수

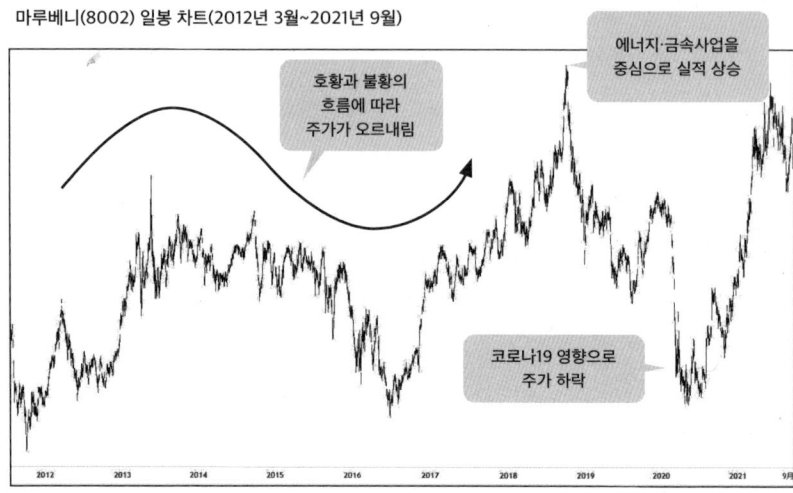

있다면) 이익을 기대할 수 있지만, 이때는 경기나 주가 동향을 적절하게 체크하는 것이 중요하다.

시황관련주는 규모가 크고 유명한 기업이 많아 흔히 우량주와 혼동하기 쉽다. 위 도표는 마루베니(8002)의 과거 연간 차트이다. 마루베니도 유명 기업이지만 차트의 움직임에서 알 수 있듯이 주가가 정기적으로 오르내린다는 점에서 차이가 있다.

'**실적회복주**'는 실적 부진에 빠진 종목을 말한다. 시황관련주의 주가 하락 시점과 달리 '잠재적으로 도산할 우려가 있는 기업'이라고 이해하면 쉽다. 그대로 도산할지, 아니면 위기를 극복하고 실적을 회복할지 상황과 시장을 꿰뚫어 봐야 하는 고난도 종목 중 하나다. 회복 가능성이 있는지를 알아보려면 자산과 부채가 얼마나 있는지, 경비 절감을 하고 있는지, 채산성이 부족한 부문을 정리하고 있는지를 확인하는 방법이 있다. 실적은 부진하지만 현금이나 유가 증권과 같은 자산을 많이 보유하고 있으며 부채가 없는 경우는 버티기 쉬운 경향이 있다.

린치는 실적회복주에 투자하여 큰 성과를 거두기도 했다. 실제로 실적이 회복되면 얻을 수 있는 이익은 크지만 도산한다면 주식의 가치는 제로가 되기 때문에 그만큼 큰 리스크를 지게 된다.

어느 유형에 속하는지 검토하기

이러한 분류는 어디까지나 일시적인 것으로 상황에 따라 다른 유형으로 바뀔 수 있다는 것을 명심해야 한다. 가령 당초 급성장주였던 종목이라도 사업 규모가 충분히 확대되면 저성장주나 우량주로 변화한다. 자산주와 저성장주 등 동시에 두 분류에 해당하는 종목도 있다.

유형별로 기대할 수 있는 수익이 다르므로 관심 가는 종목을 발견했다면 회사 규모, 실적 추이, 자산 등을 확인하고 어떤 것에 해당하는지를 검토해야 한다. 잘못 인식하게 되면 기대만큼의 이익을 노릴 수 없다.

일본의 주식 종목을 예로 들어 생각해 보자. 2개의 차트를 준비했다. 하나는 아사히카세이(3407)의 2020년 3월부터 2021년 4월까지의 주가 차트이다. 1주가 6,500원대에서 1만 3천 원대로 2배나 상승하였고 앞으로도 순조롭게 주가가 상승할 것으로 전망하고 싶어진다.

하지만 ②번 차트를 보면 그 판단이 잘못된 것임을 알 수 있다. 동일한 주식의 2017년~2021년 사이의 주가 차트로 큰 오르내림을 반복하고 있다. 이 차트로 판단한다면 아사히카세이는 시황관련주로 생각할 수 있다.

단기적인 정보로 판단하지 않기

아사히카세이(3407)의 주가 차트 비교

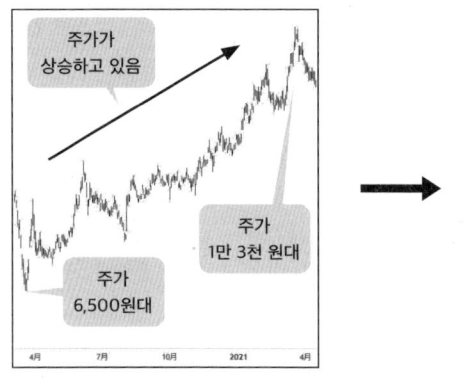

① 2020년 3월~2021년 4월
- 주가가 상승하고 있음
- 주가 1만 3천 원대
- 주가 6,500원대

우량주나 급성장주로 보기 쉬움

② 2017년 1월~2021년 4월
- 주가가 오르내림을 반복하고 있음

장기 차트를 보면 시황관련주라는 것을 알 수 있음

①번 차트와 같이 2~3년의 짧은 기간만 보고 생각한다면 주식 유형을 오해할 우려가 있다. 이런 판단 근거는 차트에만 국한되지 않는다. 아사히카세이는 화학계 회사이기 때문에 시황관련주의 특징을 함께 가지고 있다. 어느 유형에 해당하는지를 검토할 때는 차트뿐만 아니라 기업 정보도 함께 살펴보는 것이 중요하다.

> **POINT**
> - 소형주는 대형주보다 실적 성장의 여지가 있어 주가 상승을 노리기 쉽다.
> - 텐배거를 노릴 수 있는 것은 '급성장주', '실적회복주', '시황관련주' 3가지다.

PART 2

피델리티에 입사하여 배운 종목 리서치 기술

> **린치의 말**
>
> "완벽한 회사를 찾지 못하더라도
> 그 특성을 상상해 볼 수는 있다"
>
> — 1989년 《전설로 떠나는 월가의 영웅》 제1장에서

투자가가 된 계기

앞서 인용한 말은 린치의 저서 《전설로 떠나는 월가의 영웅》에서 종목을 찾는 방법을 소개할 때 나오는 말이다. 본서 앞장에서도 해설했듯이 린치식 투자법의 핵심은 '종목 찾기'에 있다. 하지만 가까이에 조언을 구할 투자 경험자가 없었던 린치는 언제 어떻게 종목 찾는 방법을 배웠을까?

1966년, 22살의 린치는 유명 증권사였던 피델리티인베스트먼트의 인턴으로 채용됐다. 채용 예정 인원은 3명이었는데 지원자는 100명을 넘어 경쟁률은 무려 33 대 1이었다. 린치는 이 경쟁을 뚫고 피델리티 인턴으로 '프로 애널리스트'들과 함께 근무하며 많은 기업을 조사하기 시작한다. 바로 여기서 애널리스트로서 기업 조사의 기초를 익힐 수 있었다.

'이론'보다 '현장'을 알아야 한다

인턴 경험은 당시 경영대학원에서 들었던 강의를 받아들이는 사고방식에도 영향을 주었다. 경영대학원에서는 '주식 시장의 움직임은 모두 논리적으로 설명할 수 있다'는 학설과 '주식 시장은 비논리적이고 불규칙한 움직임을 보

이기 때문에 예상하기 어렵다'는 2가지 학설을 배운다. 그러나 이 2가지 학설은 서로 모순되기 때문에 다 받아들일 수는 없었다. 게다가 피델리티에서 예상치 못한 시세 변동으로 성공한 투자자를 봤기 때문에 학설에 대한 의구심은 더욱 깊어졌다. '학문만으로 답을 내놓을 것이 아니라 현장의 투자를 배워야 한다'고 생각한 린치는 학문적인 접근보다 실질적인 접근을 중시하게 되었다.

'경험'으로 찾은 유망주

학생이면서 분석가로서의 경험을 쌓은 린치는 경영대학원에서 배운 이론에 의존하지 않고 자신의 경험이나 실적을 바탕으로 '어떤 종목이 성장할지'를 파악했다. 1969년에는 정식으로 피델리티에 입사했고, 그로부터 약 10년 동안 애널리스트로서 경력을 쌓아 나갔다.

100% 텐배거가 될 것이라고 보증된 종목 같은 것은 없었다. 뛰어난 상품을 개발한 기업이 반드시 텐배거가 된다고 장담할 수 없고, 인기 상품에 대한 수요가 영원히 지속된다고도 할 수 없기 때문이다. 그럼에도 텐배거가 되기 쉬운 종목에는 뚜렷한 특성이 있었다. 그러한 특성을 정확히 알고 있다면 유리한 투자를 할 수 있다. 이번 장에서는 린치가 어떤 종목에 주목했는지를 그의 에피소드와 함께 소개한다.

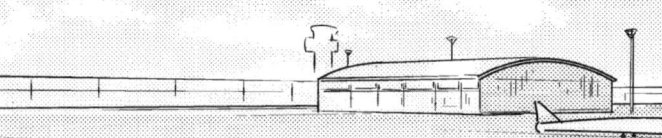

주요 장면

신입 시절 기업의 리서치를 담당하다

아르바이트를 계기로 인턴에 지원하다

린치는 대학교 4학년이 되어서도 골프장 캐디 아르바이트를 계속했다. 린치에 따르면, 골프장을 찾는 손님 중에는 미래의 돈벌이에 도움이 될 만한 이야기를 해 주는 사람이 많았다고 한다. 그런 손님 중 한 명이 바로 조지 설리번이었다. **증권사 피델리티인베스트먼트 사장이자 린치를 투자의 세계로 이끈 인물이다.** 그는 린치와 이야기를 나누던 중 '피델리티에서 인턴을 해 보지 않겠냐'고 제안했다.

피델리티는 당시 미국 내에서 투자신탁 판매를 하고 있었고 금융업계의 명문으로 유명한 기업이었다. 그곳에서 인턴으로 실무를 익힐 수 있다는 것은 투자 경험이 부족한 린치에게 좋은 기회였다.

인턴으로 본격 업무를 시작하다

1966년, 피델리티 인턴으로 채용된 린치는 '금융업계의 명문'에서 일하게 된다. 린치는 애널리스트로서의 경험은 없었지만 다른 직원들과 동일하게 기업 조사와 리포트 작성 업무를 담당하게 되었다.

일반적으로 애널리스트는 기업이 발표하는 결산 자료(재무제표)를 분석하거나 결산설명회에 참가하여 정보를 수집한다. 또한, 기업이나 공장에 직접 방문하여 사업 견학을 하거나 경영자와 면담을 나누고 정보를 수집한다. 그렇게 모은 정보를 정리해 펀드매니저와 공유하는 것이 주요 업무다. 펀드매니저가 투자처를 정할 때 대신 정보를 모으는 역할을 맡는 것이다.

린치가 담당했던 분야는 제지·출판업계였다. 이들 회사를 방문하기 위해 미국 전역을 돌았는데, 때로는 항공사 파업이 발생하는 바람에 미국 내를 버스로 이동하기도 했다. 이러한 고생을 하며 린치는 마음속에서 신격화됐던 애널리스트라는 직업이 친근하게 느껴지게 되었다고 한다.

애널리스트로서 정식 입사

1967년부터 2년간의 병역 복무를 마친 그는 피델리티에 정식으로 입사했다. 린치는 증권 애널리스트로서 리서치 업무를 시작했다. 린치가 새로 담당한 파트는 섬유업계였다. 미국 내 많은 공장을 견학했고, 자료를 통해 이익이나 주가수익률(PER) 계산 등을 하면서 섬유업계에 대한 지식을 쌓아 나갔다. **이 PER은 나중에 린치가 운용하게 될 피델리티의 투자신탁*, 마젤란펀드에서도 판단요소로 사용하는 중요한 지표이다.** 간단히 말해, 이 지표는 '주가가 비교적 싼지 비싼지'를 판단할 때 사용한다. 린치는 여기에 성장률까지 고려한 'PEG 비율'이라는 지표도 함께 사용하고 있다. 많은 기업을 조사하고 분석한 경험은 투자 스타일 확립에 도움이 되었다.

---

* 투자신탁: 투자자로부터 모은 자금을 운용 전문가가 주식이나 채권 등에 투자·운용하는 상품.

투자 기법

PEG 비율로 성장성 있는 저평가주 찾기

종목의 저렴한 정도를 수치화한 PER

기업의 일시적인 실적 부진이나 업계에 대한 시각 변화로 주가가 원래의 가치만큼 평가받지 못한 종목을 '가치주'라고 한다. 린치가 보고서를 작성할 때 계산했던 PER(주가수익률)은 해당 주가가 저렴한지 비싼지 판단하기 위한 지표로 사용되며 투자자들의 지지를 받고 있다.

린치는 성장이 예상되는 기업을 '저렴하게' 사는 가치 투자에 능했다. 그는 애널리스트로 활동하던 당시 이 PER이라는 수치와 처음 만났다. PER은 주가를 1주당 순이익(EPS)으로 나누어 산출되며 10배, 20배라는 수치로 표시된다. 예를 들어 주가가 1만 원, 1주당 순이익이 1,000원이면 PER은 10배가 된다. 업계에 따라 저렴하다고 할 수 있는 배율의 수준은 다르지만, **일반적으로는 PER이 15배 이하이면 비교적 저렴하고, 15배 이상이면 비교적 비싼 것으로 볼 수 있다.** EPS는 일반적으로 해당 해의 수익으로 계산된다. 즉 PER이 10배이고 수익액이 매년 같다면, 투자자는 10년 만에 투자액과 동일한 수익을 얻을 수 있다.

낮은 PER에 집착하면 실패하고 만다

PER은 저렴한 가격의 주식을 찾기 위한 기준으로는 의미가 있지만 **반드시 성공을 보장하는 절대적인 수치는 아니다.** 구글은 이 내용을 설명하기에 좋

구글 일봉 차트(2017년 1월~2021년 10월)

은 예시이다. 2017년 구글의 주가는 930달러, PER은 23배였다. 앞서 기술한 기준으로 보면 다소 비싼 종목이라고 판단된다. 그러나 2021년 10월이 되자 주가는 약 2,800달러로 급등하였고 PER은 기존의 23배에서 27배로 높아졌다. PER은 높았지만 전 세계에서 사용하는 글로벌 서비스를 제공함으로써 크게 성장할 수 있었다. 다소 비싸더라도 그만큼 크게 성장할 수 있는 기업이라면 충분한 이익을 얻을 수 있다. 만약 2017년 당시 PER 수치만을 판단 기준으로 삼고 투자하여 '비교적 비싸다'는 이유로 구입을 포기했다면 좋은 기회를 놓치게 되는 것이다.

린치는 PER이 높은 종목에 대해 '40배, 50배라는 경이적으로 높은 배율이 아니면 PER이 높아도 괜찮다', 'PER이 높다는 것은 수익 향상이 크게 기대된다는 것', '기대에 걸맞은 사업 전개를 할 수 있다면 괜찮다'라고 말했다.

그 기업이 장래의 수익 향상을 도모하고 있는지에 대한 판단 요소는 ①비용 절감, ②가격 인상, ③시장 확대, ④시장 점유율* 확대, ⑤적자 부문의 변혁이나 폐쇄 또는 매각이다. ①~⑤ 중 어느 하나가 순조롭게 진행되고 있다면 주가 상승이 기대되지만, 아무것도 실행하지 않으면서 PER만 높다면 '기대가 지나친' 상태이고 주가는 하락하는 경향이 있다.

구글의 비즈니스 모델은 인터넷 광고 수익이 메인이다. 이 때문에 인터넷 광고 시장이 확대될수록 구글의 실적도 함께 향상된다. 일본 최대 광고기획사 덴츠 그룹이 2021년 7월에 발표한 '세계의 광고비 성장률 예측'에 따르면 2020년 광고업계에서의 인터넷 광고 비중은 47.8%였고, 이후에도 성장세를 이어 갈 것으로 예측되었다. 이 같은 자료에 근거해 인터넷 광고는 꾸준히 성장하는 업계로 볼 수 있다.

성장률을 가미한 PEG 비율

앞서 기술한 ①~⑤를 실시하고 있는 기업은 실적이 오르고 성장률도 함께 증가할 것이다. 그렇다면 구체적으로 PER에 비해 성장률이 얼마나 커야 좋은 것일까. 린치에 따르면 **성장률이 PER의 2배면 꽤 이득이고 반대로 성장률이 PER의 절반이면 주가가 떨어진다고 한다.** 이 생각을 이용한 지표가 PEG 비율이다. 이것은 PER을 EPS 성장률(1주당 당기순이익 성장률)로 나누어 계산하는데 큰 의미에서는 린치가 제창한 계산과 같은 결과를 구할 수 있다. 일반적으로 PEG 비율이 2배를 넘는 종목은 다소 비싼 편이고, 1배를 넘으면 약간 비싸며, 0.5~1배면 비교적 저렴, 0.5배 이하는 사면 이득인 종목이 되는 것이다.

* 시장 점유율: 제품·서비스 매출 등이 시장에서 얼마만큼의 비율을 차지하는지를 나타내는 지표.

> 성장하는 종목을 비교적 저렴하게 찾을 수 있는 PEG 비율

PER

$$\frac{주가}{주당 당기순이익(EPS)}$$

- 일반적으로 15배 이하가 저렴
- 단, 성장률이 높은 기업은 PER이 높아진다

PEG 비율

$$\frac{PER}{EPS 성장률}$$

- 0.5배 이하는 사면 이득
- 성장률을 반영하였기에 성장성이 있는 기업을 놓칠 가능성이 낮다

낮은 PER에 집착하지 말고 PEG 비율도 함께 참고하기

여기서 린치의 투자 스타일을 PEG 비율의 계산식에 대입하면 다음과 같다. 린치가 '사면 이득'이라고 말한 PER이 15배, EPS 성장률이 30%인 종목은 15÷30=0.5로, PEG 비율의 기준과 일치한다. 또한, PEG 비율도 PER과 마찬가지로 각 증권사 홈페이지 등에서 확인할 수 있다. 다만 **예측대로 종목이 순탄하게 성장할 가능성도 있지만, 시간이 지남에 따라 당초 성장률에 변화가 있을 수도 있다.** 매년 실적을 확인하는 것과 마찬가지로 PEG 비율 역시 추이를 보면서 당초 전망했던 성장률을 유지하고 있는지 확인하는 것이 좋다.

POINT

- PER과 PEG 비율 조사하기
- 수익 향상 추이와도 비교해 보기

주요 장면

기업 방문으로 숫자 이외의 정보를 얻다

'직접' 정보를 얻다

애널리스트 업무 중 린치가 적극적으로 임했던 일은 기업 방문이었다. 직접 회사를 방문하면, 결산 자료를 보는 것만으로는 알 수 없던 정보가 있었다. 린치는 펀드매니저가 된 뒤에도 기업 방문을 빼먹지 않았고 때로는 동부에서 서부(약 4000km)로 이동하기도 했다. 그 방문 횟수는 연간 200사 이상에 이른다고 한다. 자신이 직접 방문하지 못할 때는 동료가 기업 상황을 알려 주거나 기업 담당자가 린치가 있는 곳을 찾았다.

방문으로 알 수 있는 '의외의 조합'

린치는 인상 깊었던 기업으로, 현재 타코 전문 대형 음식점이 된 타코벨을 꼽았다. 타코벨은 볼링장 뒤편에 있는 작은 사무실에서 사업을 시작했다. 이 사무실을 본 린치는 '사무실 전망 등 쓸데없는 곳에 돈을 쓰지 않는 것'에 소름이 돋을 정도로 호감이 갔다고 한다. 실제로 타코벨은 후에 연 20~30%의 수익 증가율을 보이며 미국 내 전국적인 체인점이 되었

아주 좋아!

다. 또한, 용기·포장재 제조업체인 '크라운 코르크 앤 실'의 사무실은 물건 더미로 가득했고 바닥과 벽은 퇴색되었으며 가구는 군대보다도 초라했다. 언뜻 보기에는 검소한 것도 모자라 벌이가 없는 기업처럼 보였지만, 이곳 역시 타코벨과 마찬가지로 큰 성장을 이뤘고 이후 30년간 주가는 280배로 뛰었다. 이러한 기업 방문을 통해 검소한 회사와 큰 이익이라는 절묘한 조합이 존재한다는 것을 알게 되었다.

린치가 선호하는 종목의 특징

그리하여 린치는 건실한 기업을 선호하게 되었다. 그가 주목할 만한 종목인지를 판단하는 기준 중 하나로는 '다른 펀드매니저나 애널리스트가 주목하지 않는 종목'이라는 것도 있다. 다른 애널리스트, 펀드매니저는 실패를 두려워한 나머지 이름이 알려지지 않은 종목에 투자하는 것을 주저했다. 그들이 주목하는 종목은 이미 오른 종목들이 대부분이기도 했다. 당연히 그 후의 상승 폭은 작기 마련이다. 기업을 처음 방문했을 때 린치가 가장 먼저 하는 질문은 '애널리스트나 펀드매니저가 가장 최근에 방문한 것이 언제인지' 확인하는 것이었다. 특히 은행과 보험사는 그 수가 많아 애널리스트나 펀드매니저가 전체를 다 체크하지 못하는 상태였다. 퍼스트애틀랜타라는 은행은 린치가 발견한 시점에 12년 연속으로 이익이 증가하고 있었다. 다른 투자자들은 아직 주목하지 않은 상황에서, 5년 후에 주가가 30배 더 상승했다. 이를 포함해 그는 종목 선택에 있어 중요한 요소를 총 13가지로 정리하였다.

투자 기법

텐배거를 발견하기 위한 13가지 요소

주목받지 못한 종목에 투자하기

뭔가 투자하기 좋은 종목이 없을까 하고 찾다 보면 그때그때 화제가 된 종목으로 눈이 돌아가기 마련이다. 2021년에는 '재생에너지'나 '반도체 제조 장치' 등의 주식이 주목받았다. 이렇게 시기에 따라 주목받는 종목은 일반적으로 '테마주'로 불린다. 그러나 린치는 투자할 때 이러한 테마주를 거들떠보지도 않았다. 텐배거를 노리는 린치에게 이미 많은 투자자와 애널리스트가 주목한 종목은 매수 시기가 아니었다. 그는 아직 주목받지 못한 종목에 빠르게 투자함으로써 이익을 노렸다. 린치는 유망한 종목의 조건을 13가지 요소로 정리했다. 이들의 특징은 크게 '주목도가 낮은 종목', '성장하기 쉬운 종목', '자사에 자신이 있는 종목' 3가지로 나뉘었다.

독특한 이름을 가진 기업이라면 사업 초반에 고객의 흥미를 끄는데 수월할 것이다. 뻔한 이름이라면 실적이 오를 때까지 주목받는 것이 어려울 수 있다. '주목도가 낮은 종목'의 특징은 다음 도표를 참고해 보자.

크라운 코르크 앤 실은 캔과 병마개를 만드는 업체다. 병뚜껑을 뜻하는 '크라운 코르크'를 그대로 회사명으로 사용하여 '따분한 이름'에 해당한다. 또한, 캔과 병마개 제조는 수요는 있으나 특징적이지 않아 ②에도 해당된다.

③의 분리 독립한 회사라는 것은 기업의 한 부문이 독립한 경우를 가리킨다. 완구 판매점인 토이저러스는 원래 인터스테이트 백화점이라는 회사의 한 부

린치가 말하는 유망한 종목의 특징		
주목도가 낮은 종목	① 뻔한 회사명 ② 뻔한 분야의 사업 ③ 분리 독립한 회사 ④ 기관투자자가 보유하지 않은 종목 ⑤ 따분한 업종 ⑥ 나쁜 소문이 있는 회사 ⑦ 음울한 사업을 하는 회사	
성장하기 쉬운 종목	⑧ 무성장 산업 ⑨ 틈새 산업 ⑩ 계속 사야 하는 상품 ⑪ 기술을 사용하는 회사	
자사에 자신이 있는 종목	⑫ 내부자가 사는 주식 ⑬ 자사주의 재매입	

문이었다. 본사에서 독립하여 실적을 올리면서 주가가 57배로 올랐다. 원래 이익이 안 좋은 분야는 따로 독립시키지 않는 법이다. **이익이 크고 많은 수익을 얻을 수 있다고 판단된 분야를 독립시키며, 사업 진행이 쉬워져 향후 새로운 성장을 기대할 수 있다.**

④의 경우, 린치는 '기관투자자가 눈여겨보는 종목은 이미 주가가 몇 배나 올랐기 때문에 텐배거를 노리기에는 늦다'고 생각했다. 반대로 아직 기관투자자가 보유하고 있지 않은 주식은 여지가 있다고 판단했다.

⑤~⑦과 관련해서는 주의가 필요하다. '저 회사는 블랙 기업이다', '부정 회계로 문제가 된 회사다' 같은 나쁜 소문이 사실로 밝혀졌다면 당연히 피해야겠지만, 여기서 포인트는 **실제와는 다른 부정적인 이미지 때문에 기업의 가능성이 과소평가된 경우다.** 린치는 음울한 사업을 하는 회사의 대표적인 예로 상조업을 들었다. 상조업체는 '죽음'이라는 이미지 때문에 많은 투자자의 기

피 대상이었다. 하지만 SCI라는 장례 서비스 기업이 '미국 각지에 있는 개인 경영의 상조업체를 인수하고 규모를 확대한 것'과 '살아 있는 사람을 대상으로 한 생전 적립 제도라는 서비스를 만들어 낸 것'을 눈여겨본 린치는 해당 기업의 주가 상승을 예측했다. 실제로 1980년대 SCI의 실적이 늘어났고 그 결과 7년 만에 주가는 20배가 되었다.

급성장하고 있는 산업은 꼭 어딘가에서 실적이 급락하여 브레이크가 걸리기 마련이다. 1980년대에는 컴퓨터 산업이 급속도로 발전했는데 그 후 등장한 후속 기업들이 더 값싼 제품을 판매하기 시작면서 가격 경쟁으로 인해 이익을 얻기 힘들어졌다. 반대로 성장률이 낮은 산업은 주가 급락이 발생하기 어렵기 때문에 노려볼 만하다.

⑧의 경우, 성장률이 낮아 신규로 진출하는 기업이 드물고(성장하지 않는 업계에서 일부러 비즈니스를 시작할 사람은 많지 않다) 경쟁률이 낮은 산업이지만 하나의 계기로 인해 크게 바뀔 가능성이 있다. 아까 예로 든 상조업은 린치가 주목했던 1970년대 당시 성장률이 1%로 낮았다.

이를 바탕으로 신규 진입이 적은 SCI는 경쟁자에 대한 고민 없이 규모를 키울 수 있었다. ⑨~⑪에 해당하는 종목들도 경쟁이 적고 점유율을 늘리기 쉽다는 공통점을 가지고 있다. ⑪에 대해 보충하자면 기술을 개발하는 기업은 가격 경쟁에 휘말리기 쉽지만 새로운 기술을 도입하는 기업은 작업 효율이 올라 실적을 높이는 것이 쉬워진다. 이러한 기업을 '기술을 사용하는 회사'라고 한다. 앞서 이야기한 컴퓨터 업체의 경우, 가격이 저렴해진 컴퓨터를 도입하여 작업 효율이 높아진 기업은 이익을 많이 볼 수 있어 주가도 오르기 쉬워졌다.

린치는 마지막으로 자사에 자신이 있는 기업을 꼽는다. ⑫의 '내부자'란 '회

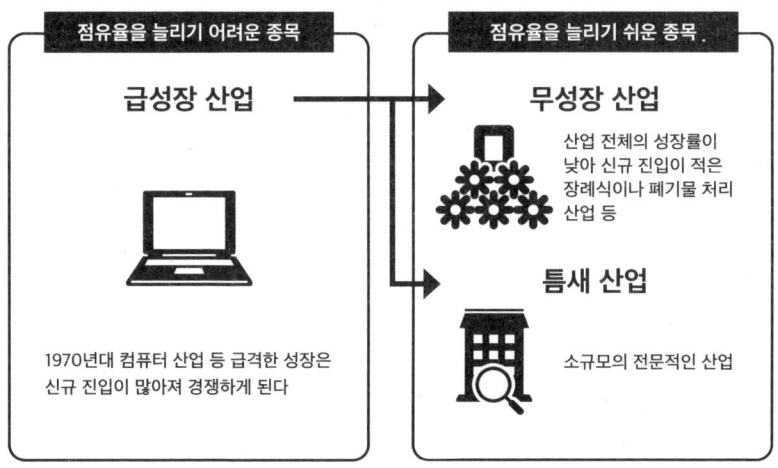

사 내부 직원'을 말한다. 자사주를 산다는 것은 그만큼 실적에 자신이 있다고 볼 수 있다. ⑬ '자사주의 재매입'이란 이미 발행한 주식을 회사가 되사는 것이다. ⑫와 마찬가지로 자사주를 사는 행위는 '자사에 대한 자신감의 표현'이라고 볼 수 있다. 다만, 기업에 따라 제도가 다르다. 사원이 자사주의 거래 여부를 자유롭게 선택할 수 있는 기업도 있지만, 반강제로 거래하게 하는 기업도 있다. 따라서 지주가 많음=자신 있는 기업이라고 판단하기 어렵기 때문에 ⑫는 응용에 한계가 있다.

자사주 재매입 확인 방법

기업 홈페이지의 '공지사항'에서 '자사주식의 소각', '자기주식의 취득'이라는 단어로 고지된다

자기주식의 소각에 관한 공지

당사는 금일 회사법 제178조 규정에 근거하여 자기주식 소각을 결의하였기에 하기와 같이 공지합니다. 당사는 2021년 6월 7일자 '자기주식 취득 관련 사항의 결정에 관한 공지(회사법 제459조 제1항 규정에 의한 정관 규정에 근거하는 자기주식의 취득)'에서 자기주식의 소각을 적절하게 행할 것을 공지하며 이에 근거하여 실시합니다.

아래

1. 소각할 주식의 종류	당사 보통주식
2. 소각할 주식의 수	2,228만 690주 (소각 전 발행 완료 주식의 총수에 대한 비율 약 4.9%)
3. 소각예정일	2021년 9월 30일

언제 자사주를 재매입할지가 기재되어 있음

출처: 도시바

POINT

- 이미 주목받고 있는 테마주는 매수기라 할 수 없다.
- 주목도가 낮고 성장하기 쉬우며 자사에 자신 있는 종목이 유망하다.

PART 3

마젤란펀드에서 활용했던 종목 선택법

"전문 투자자는 쉽게 10배주를 만날 수 없다"

—— 1989년 《전설로 떠나는 월가의 영웅》 제2장에서

개인 투자자는 소비의 최전선에 있다

린치는 주식 투자야말로 '프로가 아닌 아마추어에게 더 유리하다'고 자주 말했다. 저서 《전설로 떠나는 월가의 영웅》은 '어떻게 아마추어 투자자(개인 투자자)가 프로보다 높은 운용 실적을 낼 수 있는가'를 구체적으로 해설한 책으로 봐도 좋을 것이다. 린치에 따르면 개인 투자자들은 일상 안에서 '어떤 상품이 이득인가', '어떤 상품이 잘 팔리는가'를 소비 흐름으로 꿰뚫는 힘을 자연스럽게 키우고 있다. 조금이라도 이득이 되는 소비 생활을 하거나 유행하는 상품을 갖고 싶다는 마음이 크기 때문이다. 그의 표현을 빌리자면 소비자는 '소비의 최전선'에 있다. 이와 같은 인기 상품에 대한 관심은 성장성 있는 종목 찾기에 유리하다.

린치가 타코벨에 관심을 가지게 된 것은 캘리포니아 여행 덕분이었다. 우연히 이 회사의 제품을 먹게 되었고, 맛이 좋아 실적 상승을 기대한 것이 계기였다. 또한, 갈수록 정보 수집이 쉬워진 시대가 된 것도 아마추어에게 유리하나. 특히 린치가 펀드매니저가 된 1970년내 후반만 하더라도 주가 정보나 실적 추이 같은 증권사 자료는 극히 한정되어 있었다. 그러나 인터넷이 활발하게 보급된 지금은 원하는 자료를 간단히 구할 수 있게 되었다.

전문 투자자는 먼저 나서지 않는다

반면 전문 투자자들은 결과를 요구받기 때문에 소극적일 수밖에 없다. 많은 기관투자자*가 적절하다고 생각하고, 애널리스트들이 추천한 종목을 안전하다고 생각하며 노린다. 즉 누군가가 그 주식에 먼저 손을 대야 자신들도 살 결심이 생기는 것이다. 린치는 그 예로 1969년에 상장한 의류 소매 대기업 '더 리미티드'를 든다. 이 회사는 상장 당시에는 전혀 이름이 알려지지 않은 상태였고 애널리스트들은 그 회사의 존재조차 모르고 있었다. 그러나 꾸준히 실적이 늘어났고 1979년부터 1983년 사이에는 주가가 50센트에서 9달러, 즉 18배로 상승해 나갔다.

애널리스트가 이 주식을 주목하기 시작한 것은 그로부터 2년 후 주가가 15달러까지 올랐을 때였다. 증권사들이 일제히 추천 종목으로 꼽았고, 큰 규모의 투자자들이 경쟁적으로 사들인 덕분에 당시의 주가는 52달러까지 상승했다. 그러나 이때는 이미 '과매수' 상태였기 때문에 그 후 주가는 급락하고 말았다. 이런 투자로는 텐배거를 만날 수 없는 것이 당연하다.

1997년 린치는 마젤란펀드의 운용 담당이 되었다. 위에서 말한 '아마추어 투자자의 시각'으로 종목을 찾으며 투자자로서의 재능을 갈고닦았다. 이 과정에서 어떤 종목을 어떻게 찾아냈는지 많은 에피소드를 갖게 된다. 이번 장에서는 그 에피소드들을 통해 린치의 종목 선택 방법을 더욱 상세히 살펴보자.

---

* 기관투자자: 생명보험사, 손해보험사, 연금기금 등 법인으로 주식이나 채권 운용을 하는 큰 규모의 투자자.

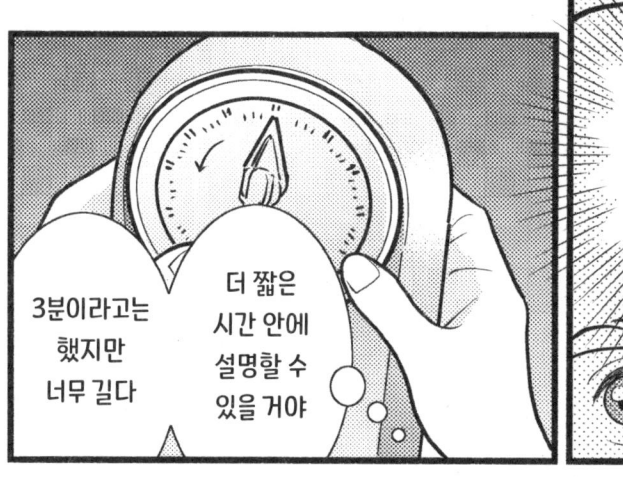

> 주요 장면

아내의 쇼핑 바구니에서 발견한 유망주

헤인즈는 1970년대에 성장한 기업으로 지금도 유명 의류 브랜드로 활약 중이다. 이 회사는 언더웨어와 티셔츠 브랜드로 유명했는데 사업 확장을 위해 마트에서 장을 보고 돌아가는 고객을 대상으로 설문조사를 실시했다. 그 결과, 많은 고객이 백화점이 아닌 마트에서 스타킹을 구입하는 것으로 나타났고 타깃이 되는 여성 고객은 백화점이나 전문점보다 마트에 가는 빈도가 더 높다는 통계를 발견하게 되었다. 헤인즈는 마트에서 질 좋은 스타킹을 판매하는 데 주력하며 실적 확대를 꾀했다.

이때 다른 유명 스타킹 브랜드가 마트에서 판매를 병행하지 않은 것이 헤인즈에게는 다행이었다. 눈에 띄는 상품이 없는 가운데 개성 있는 상품을 진열하면 한 번에 관심이 쏠리기 마련이다. 이 발상을 바탕으로 헤인즈는 달걀 모양의 컬러풀한 용기를 만들었고 '레그스'라는 상품명을 전면에 내세운 임팩트 있는 신상품을 출시했다.

레그스는 미국 내 여러 곳에서 테스트 판매를 실시했고 판매 결과는 상당히 긍정적이었다. 그 후 레그스는 미국 전역에서 판매되며 단숨에 인기 상품이 되었다. 레그스의 히트에 힘입어 헤인즈의 주가는 6배로 성장할 수 있었다.

린치가 헤인즈의 급격한 상승세를 알아차릴 수 있었던 것은 아내 캐롤라인 덕분이었

다. 린치가 살고 있는 보스턴 교외에서도 레그스의 테스트 판매가 이루어지고 있었고, 캐롤라인이 이 상품을 구입해 온 것이었다. 헤인스의 스타킹이 어떻게 팔리고 있는지는 실제 사용하는 아내가 없었다면 알기 어려웠을 것이다. '올이 잘 안 나간다, 편안하다' 등의 기능성도 검증할 수 있었다.

여기서 알 수 있듯, 텐배거를 발견하기 위해서는 혼자 조사하는 것을 넘어 가까운 사람에게서 힌트를 얻거나 실제로 사용하고 있는 사람의 평가를 듣는 것이 중요하다.

애널리스트 시절의 방법으로는 간파할 수 없었다

모든 상품을 잘 알기란 어려운 일이다. 린치는 섬유업계와 관련된 기본 지식은 이해하고 있었지만, 당시 그의 조사 방법으로는 '기업이 무엇을 하고 있는지' 정도의 정보밖에 얻을 수 없었다.

가까운 사람이 매력적인 상품을 발견하고 실제 사용한 경험을 말하는 생생한 '소비자의 목소리'가 귀에 들어왔을 때 린치는 비로소 성장 종목을 알 수 있었다. 결산 자료를 통해 특정 업계나 기업을 알게 되었다 하더라도 '소비자의 목소리'라는 중요한 정보가 아직 남아 있다. 개중에는 소비자의 목소리를 반영한 결산 자료도 있지만, 가족 등 가까운 사람 중에 그 상품의 애용자가 있다면 좀 더 확실하고 자세한 이야기를 들을 수 있다. 주변 사람의 이야기를 무시한다면 텐배거의 기회를 놓칠 수 있다.

> 투자 기법

일상생활에서 힌트 얻기

주변인이 관심 갖는 상품을 관찰하기

일반적으로 어느 종목에 투자할지 검토하는 방법으로는 회사 사보 읽기, 주주 우대나 배당에 주목하기 등이 있다. 하지만 더 간단하게 투자할 종목을 찾는 방법이 있다. 시야를 넓힐 수 있는 방법이니 참고하길 바란다. 그것은 캐롤라인이 인기 상품 레그스를 발견한 것처럼 **가족이나 친구로부터 모르는 업계의 동향을 배우는 방식이다.**

최근에는 인터넷 반응이나 언론 매체의 역할이 중요해지고 있다. 예를 들어 주말에 가족과 함께 쇼핑하는 것은 종목 찾기의 기회가 되기도 하다. 자신의 쇼핑뿐만 아니라 배우자나 연인, 자녀의 쇼핑에 함께함으로써 자신이 모르는 업계의 트렌드를 파악할 수 있다. 린치는 가족을 쇼핑몰에 데려갔을 때 아이가 제일 먼저 향하는 가게에 주목해야 한다고 이야기한다. 아이들은 '학교 친구가 가지고 있다'는 등 친구들 사이의 유행에 민감하게 반응하기 때문이다. 만약 가족이나 친구들과 쇼핑 갈 기회가 있다면 꼭 적극적으로 따라가 어떤 상품이 유행하는지 확인해 보길 바란다.

판매량 랭킹을 참고하기

인터넷이나 잡지를 통해 매출 순위에서 종목을 찾는 방법도 있다. '캠핑 굿즈 랭킹', '가성비 좋은 인기 가전 랭킹' 등 용도에 따라 다양한 판매 순위가 발

> 인기 상품을 알 수 있는 잡지·사이트 참고

상품 소개뿐만 아니라 지금 성장하고 있는 기업이나 주목할 만한 비즈니스 모델을 소개하는 기사도 참고한다

표되고 있다. 여기서 인기 급상승 중인 상품을 제작하는 회사에 주목해 보는 것도 좋은 방법이다. 하지만 여기에는 유의할 점이 있다. 첫 번째는 이미 주목받고 있는 상품들이 소개되었기 때문에 종목을 고르기에는 시기가 늦다는 점이다. 수십만 개의 상품을 팔고 있는 기업은 테마주와 마찬가지로 이미 주가가 오를 만큼 올랐을 가능성이 크다.

또한 매체에 따라서는 순위 집계부터 발표까지 상당한 시간이 걸릴 수 있다. 예를 들어, '매년 3월에 매출 순위를 발표한다'는 잡지라면 지난해 4월부터 팔리기 시작한 상품 A가 이듬해 3월 순위에 포함되는 것이다. 이때 상품 A는 이미 인기를 끌기 시작한 지 1년 가까이 지난 시점일 것이다. 그러나 **관련 산업이나 관련 기업의 동향을 볼 수 있다**는 점에서 모두 쓸모없는 것은 아니다. 과거의 랭킹을 보고 '어느 시기에 어떤 상품이 나왔는지', '어떤 기능이 있는 상품이 히트를 쳤는지' 찾아볼 수 있다.

두 번째는 온라인상에 있는 개인 블로그, SNS, 포털사이트 등에 게시된 일부 랭킹은 광고나 제휴사이트*를 겸하고 있는 경우가 많아 신빙성이 떨어진다는 점이다. 그 리스크를 조금이라도 줄이려면 **'좋은 상품을 소개한다'는 콘셉트의 잡지나 사이트를 병행하여 열람하면 좋을 것이다.** 이러한 매체가 발표하는 랭킹 역시 사용법에 따라서 투자 종목을 선택할 때 참고할 수 있다.

자신이 이해할 수 있는 수익 구조인지 판단하기

자신이 잘 모르는 산업 분야까지 모두 파악하는 일은 불가능할 것이다. 포인트는 어디까지나 '자신이 파악할 수 있는 범위' 안에서 다른 산업에 대해 알게 되는 계기를 갖는 것이다. 난해한 수익 구조의 종목을 알아보려면 시간도 오래 걸리며 잘못된 인식 그대로 조사를 진행할 가능성도 있다. 아이를 통해 '최근 유행하는 장난감 회사'를 조사한다면 그 회사가 어떻게 성장하고 있는지 떠올려 보는 것은 쉬운 일일 것이다. 반면, IT에 대해 잘 아는 친구가 DX(디지털 트랜스포메이션)가 어떤 산업인지, 어떤 수익 구조인지 모른다면 조사를 시작조차 할 수 없다. 자신이 조사해도 알 수 없는 종목은 성장성 여부를 판단하는 것도 어렵기 때문에 도박과 다름없다. 이러한 점에서 **'누구나 알 수 있는**

---

* 제휴사이트: 웹사이트 운영자가 자신의 사이트에서 상품을 소개하고 실제 판매로 이어진 경우, 일정한 사례를 받을 수 있는 구조로 되어 있다.

사업 내용에서 수익 구조를 생각하기 위한 사례집	
DX 관련 종목 사례	사업 내용(수익 구조)
SAAF 홀딩스(1447)	주로 행정기관이나 민간기업을 대상으로 AI 활용, 원격근무 추진, 보안 정책 수립을 지원하여 수익을 얻음
YE 디지털(2354)	주로 제조사를 대상으로 AI를 이용한 기기 고장 예측 서비스, 불량품 판정 서비스를 제공하여 수익을 얻음
덴산(3640)	주로 지방공공단체를 대상으로 주민 정보 시스템, 복지 시스템 등을 제공하여 수익을 얻음
사이버링크스(3683)	유통업 대상 POS 정보처리서비스나 행정기관 대상 통신 시스템을 제공하여 수익을 얻음

> 사업 내용에서
> **수익 구조(사업이 어떻게 진행되면 이익이 늘지)**
> 를 알 수 있는 종목을 고른다

'수익 구조'를 가진 종목인지도 판단 기준의 하나로 삼으면 좋을 것이다.

수익 구조의 단순성에 대해 린치는 '그 어떤 바보라도 경영할 수 있는' 회사가 바람직하다고 말했다. 도넛을 만들어 판매하고, 호텔을 지어 숙박 서비스를 제공하고, 교외에 슈퍼마켓이 들어오는 사례들은 '어떻게 수익을 얻을 수 있는지'가 분명하고 '동향을 쫓기 쉽다'는 장점까지 갖추고 있다. '맛이 떨어졌다', '호텔 서비스가 나빠졌다'와 같은 느낌을 받는다면 조만간 주가가 떨어질 것으로 예상할 수 있으며, 동일한 품질을 유지하면서 사업을 확대할 수 있다면 실적 상승을 기대할 수 있다.

POINT

- 가족과 함께 쇼핑하며 유행 트렌드를 듣고 종목 선택에 참고하기
- 수익 구조를 이해할 수 있는 기업의 실적을 쫓기

주요 장면

모텔에 직접 묵으며 조사하다

경쟁 상대를 듣고 투자하다

앞서 소개했듯 '점유율을 높이기 쉬운 기업'을 주요 투자 종목으로 선택하던 린치는 같은 이유로 레스토랑이나 호텔 주식을 선호했다. 레스토랑이나 호텔은 하룻밤만에 경쟁사의 점포 수가 100개씩 급증하지는 않기에 과도한 경쟁으로 실적이 급락할 가능성이 적었다. 또한 유망한 경쟁사가 나타난다면 투자처를 그쪽으로 갈아탈 수도 있었다. 린치는 호텔업계를 조사하기 위해 당시 대형 호텔 체인인 홀리데이 인을 운영하는 유나이티드 인스 부사장에게 전화를 걸었다. 그때 그에게 경쟁사가 있냐고 묻자 '모텔 사업을 하는 라 킨타 모터 인은 우리를 능가할 정도로 사업이 호조세를 보이고 있다'고 말했다.

대단한 발상이군

직접 서비스를 체험하다

대형 호텔을 능가할 정도의 인기가 대체 어느 정도인지 관심이 생긴 린치는 라 킨타 본사에 직접 전화를 걸어 담당자와 미팅을 잡았다. 면담에서 들은 이야기에 따르면 이 회사의 콘셉트는 '방의 넓이나 설비 등 모든 면에서 홀리데이 인과 동일한 품질을 저렴한 가격으로 제공하는 것'이었다. 이를 가능하게 한 것은 예식장, 회의실, 접수처, 주방, 레스토랑 등 큰 비용이 드는 것에 비해 이익이 잘 나지 않는 여분의 공간을 없애는 전략에 있었다. 특히 레스토랑은 다른 호텔이나 모텔에서 적자를 냈던 부분인데 라 킨타는 모텔 옆에 24시간 영업하는 식당을 유치하여 레스토랑에 드는 비용을 삭감할 수 있었다. 또한 객실 수를 줄이고 모텔 건설을 그룹사 내에서 진행함으로써 초기 비용을 줄였다. 주요 고객의 차이도 전략 중 하나였다. 타사 모텔은 가족, 연인, 업무차 출장 온 사람 등 다양한 고객층을 타깃으로 삼았지만 라 킨타는 젊은 비즈니스맨을 주 고객층으로 좁혀 공략했기 때문에 이동하기 편리한 곳에 모텔을 세웠다. 린치가 라 킨타에 주목했을 무렵 **이 회사는 연간 50%라는 눈부신 성장을 보였음에도 불구하고 주가는 비교적 저렴한 편이었다.** 게다가 새로운 모텔을 여러 곳 신설한다는 정보를 알게 된 후 미래의 발전까지 예측할 수 있었다. 당시 이 회사를 추천하는 증권사는 3곳밖에 없었고 기관투자자 보유 비율이 20% 이하였던 것도 린치에게 반가운 일이었다. 그는 충분히 매료된 상태였지만 **실사, 즉 '실제로 직접 서비스를 받아 보는' 치밀함을 잊지 않았다.** 실제로 서비스를 받아 보면 의외로 퀄리티가 안 좋은 경우도 있기 마련인데, 그러면 아무리 전략이 뛰어나더라도 실적이 오르지 않을 것이다. 린치는 3곳의 라 킨타 모텔에 직접 머물며 '실사'를 하였고 모든 면에서 홀리데이 인과 퀄리티가 동일하면서 가격은 저렴하다는 것을 몸소 체감할 수 있었다. 이 회사의 성장을 확신한 린치는 라 킨다를 펀드에 편입시켜 1970년대 후반부터 10년간 11배라는 성과를 거두었다.

투자 기법

기업의 스토리를 구상하기

① 주식의 6가지 유형별 '자문자답'

① 저성장주	• 배당이 늘고 있는지
② 우량주	• 가격이 적정한지 • 성장성이 있는지
③ 자산주	• 자산은 얼마만큼 있는지
④ 급성장주	• 몇 년 후까지 성장을 유지할 수 있는지
⑤ 시황관련주	• 업계 경기는 견조한지 • 실적 상승의 조짐이 보이는지
⑥ 실적회복주	• 실적 회복 계획이 실행되고 있는지

회사 또는 업계를 이해할 것

괜찮은 종목을 발견했다면 다음은 그 기업이 성장할 가능성, 또는 그것을 추진할 재료를 찾는 단계에 들어간다. 기업은 수익을 유지하기 위해 연구를 거듭하고 있을 것이다. **기업의 대처를 알고 장래성을 검증하는 것을 린치는 '스토리 구성'이라고 부른다.** 회사 혹은 업계를 깊이 이해한다면 효과적이고 구체적인 스토리를 만들 수 있다.

② 저성장주 중 연속 배당금 증가(증배)로 유명한 주요 종목

종목명	연속 증배 연수	배당 이익
KAO	31년	2.18%
SPK	23년	2.90%
미쓰비시 HC 캐피탈	22년	4.51%
코바야시제약	21년	0.93%
USS	21년	3.16%
리코 리싱	21년	3.12%
트란콤	20년	1.53%

※ 2021년 10월 1일 기준

> 코로나19에도 증배를 함 = 실적이 호조세라고 볼 수 있음

스토리를 짤 때 린치가 권하는 것은 기업의 매력이나 성장성, 약점 등을 2분 동안 자문자답해 보는 것이다. 그에 대한 답이 명료하다면 해당 종목에 대한 투자 준비는 끝난 것이다. 자문자답은 앞서 소개한 6가지의 유형에 따라 이루어진다. 즉 ①저성장주, ②우량주, ③자산주, ④급성장주, ⑤시황관련주, ⑥실적회복주이다.

유형별로 주목 포인트가 달라진다

①저성장주의 경우 **배당이 늘고 있느냐**가 질문의 포인트이다. 순조롭게 이익이 증가하고 있는 기업이라면 당연히 주주에게 배당으로 환원하게 될 것이다. 배당금의 증가는 기업의 실적 증가와 연결되어 있다고 볼 수 있다.
예를 들어, 물음에 대한 답이 '지난 10년 동안 수익이 계속 늘고 있으며 배당

이익*이 좋고, 배당금이 줄거나(감배) 없어진(무배) 해도 없다. 경기의 좋고 나쁨에 관계없이 배당금을 계속 늘려 왔다(증배). 그리고 새롭게 계획하고 있는 ○○사업은 이 회사의 성장성을 상당 부분 향상시킬 가능성이 높다'라면 투자처로서 합격이다.

②우량주는 주가가 이미 상승해 있는 경우가 많다. 이런 경우라면 하락을 기다렸다가 가급적 저렴한 가격에 사거나, 약간 비쌀 때 사더라도 더 크게 성장했을 때 매각하는 방법 중 하나의 전략을 취하게 된다. 이 때문에 어느 지점이 저렴한지 계산하는 PER이나 성장성을 반영한 PEG 비율이 중요하다. 또한 성장 전망은 회사의 재무 상황이나 매출 상황에도 큰 영향을 미치기 때문에 함께 주목해야 한다.

'최근 2년간 주가는 순조롭게 오르고 있지만 PER은 낮은 수준을 유지한 상태이며 시세 대비 저렴한 종목이다', '소유주인 ○사의 주식을 절반 정도 팔고 히트 상품을 개발하는 등 경영개선 노력이 보인다', '독립된 지역 총판을 매입하여 지역별 판매 체제를 컨트롤하기 쉬워짐에 따라 추가적인 이익 증가를 기대할 수 있다' 등의 답을 할 수 있다면 베스트가 된다.

③자산주의 경우, 질문의 포인트는 보유 자산이 **어느 정도의 가치가 있는지**이다. '주가는 7,900원이지만 부동산 가치만 1주당 10,900원이다. 주가가 본래의 회사 가치인 10,900원이 되려면 앞으로 3,000원만큼의 주가 상승 여지가 있다'와 같은 답을 할 수 있다면 괜찮다.

④급성장주의 경우, 어느 분야에서 어느 정도까지 현재 속도로 계속 성장할 수 있는지가 관건이다. '본사가 있는 ○○뿐만 아니라 인근 △△에서도 성공

---

* 배당 이익: 주가에 대한 연간 배당금의 비율을 나타냄. 1주당의 연간 배당금을 주가로 나누어 산출.

③ 자산주가 갖는 자산의 계산법

유가증권보고서의 '임차 등 부동산'란 확인

(단위: 천만 원)

			전연결회계연도 (2019년 4월 1일부터 2020년 3월 31일까지)	당연결회계연도
임차 등 부동산	연결대차대조표 계상액	기수잔액	3,373,448	3,415,981
		기중증감액	42,532	289,550
		기말잔액	3,415,981	3,705,532
	기말시가		6,330,950	6,873,990

발행완료주식(약 4억 7600만)으로 나누면 1주당 토지 시가는 약 14만 4400원임을 알 수 있음

'기말시가'가 토지 시가

출처: 스미토모부동산 '2021년 유가증권보고서'

을 거뒀으며 수익은 매 분기 증가하고 있다. 부채는 크지 않지만 저성장 산업으로, 앞으로 시간을 들여 시장을 개척할 것이다.' 이런 대답이 가능하다면 투자하기 좋다.

⑤시황관련주의 경우, 지금이 실적 하락 타이밍인지 상승 타이밍인지에 대한 검토가 필요하기 때문에 경기나 재고, 매출 등 실적 움직임에 주목한다. '이 산업은 과거 수년째 불황이었지만 ○○의 판매가 본격적으로 회복되면서 실적 상승의 조짐이 보인다. 신상품 판매가 순조롭게 상승 중이며 효율이 안 좋은 공장을 폐쇄하는 등 비용 절감에도 힘쓰고 있는 것을 보면 수익 증가가 이제 코앞이다.' 이런 답이 나온다면 긍정적일 것이다.

⑥실적회복주의 경우, 실적을 회복하기 위해 어떤 노력 중인지, 실적 회복 계획은 실행되고 있는지 검토해야 한다. '채산성이 낮은 부문을 매각하고 그 돈을 유망한 사업에 투입하여 가장 잘하는 분야를 특화했다. ○○부문에서는

시장점유율을 7%에서 25%까지 확대시켰다' 등을 생각해 볼 수 있다.

이상으로 주식의 유형과 그에 대한 질문 및 예상되는 스토리를 구성해 보았다. 린치는 스토리 구성이 잘 되어 투자에 성공한 예로 주가가 11배 상승한 라 킨타 모터 인을 들고 있다.

POINT
- 업계를 알고 그 매력이나 성장성, 약점을 간결하게 자문자답하기
- 6가지 유형에서 주목할 점 살펴보기

> 주요 장면

도넛 가게 등 소형 성장주에 투자

실패가 눈에 띄지 않은 4년

1997년 린치는 마젤란펀드의 펀드매니저로 취임했다. 린치가 취임하기 이전에는 주식 시장의 침체가 계속되고 있어 펀드로 충분한 이윤을 얻지 못하는 상황이었다. 마젤란펀드도 예외는 아니었다. 유례없이 운용 실적이 부진했기에 린치가 운용 담당이 된 1977년은 판매정지* 상태에 이르렀다. 이 펀드의 판매가 재개된 것은 1981년이다. 이 4년 동안 그는 판매되지 않는 펀드를 운용하고 있었다. 하지만 이 4년의 공백이 린치에게는 오히려 다행이었다. 그 사이 많은 종목에 투자하여 여러 실패를 맛보았지만, 판매정지 상태였기 때문에 실패에 이목이 쏠리지 않았던 것이다. 실패를 거듭하면서 어떤 종목에 투자해야 하는지를 검증할 수 있었다. 또한 **마젤란펀드는 운용에 특별한 제약이 없었기 때문에 비교적 자유롭게 종목들을 매매할 수 있었다.** 이런 배경이 린치의 검증 작업에 유리하게 작용했다.

일반적으로 펀드에는 몇 가지 종류가 있다. 예를 들면, '자산이 매력적인 종목만 담는 펀드', '성장률이 15% 이상인 종목만으로 구성하는 펀드', '신흥 소형주만 담는 펀드' 등 각각의 특성에 맞게 운용해야 하는 경우가

이렇게 맛있는 도넛을 만드는 던킨에도 아무도 관심이 없지

* 판매정지: 펀드의 신규 판매를 정지하는 것. 주로 판매실적의 악화, 또는 자금이 급증했을 때 이런 조치가 취해진다.

있다. 하지만 마젤란펀드는 그런 제약이 없었기 때문에 린치는 마음에 드는 종목을 구매하며 다양한 시행착오를 겪어볼 수 있었다. 이 시행착오는 종목 수에 나타나 있다. 린치가 펀드 운용을 맡았을 때만 하더라도 마젤란펀드는 40종목으로 구성되어 있었는데, 반년 뒤에는 그의 손을 거쳐 100종목까지 증가했다. 1990년 그가 은퇴할 무렵에는 매매를 반복한 결과, 펀드에 포함된 적이 있는 종목 수가 1만 5,000개에 달했다.

린치의 경력을 지탱한 종목

그는 6가지의 종목 유형(1장 참조)에 모두 투자했다. 그중에서도 **펀드 확대의 기폭제가 된 것은 던킨과 세계 최대 규모의 슈퍼마켓 체인 월마트와 같은 급성장주였다.** 린치가 투자한 종목 중에서 특히 이 두 회사는 저서와 인터뷰를 통해 여러 차례 이름을 올린 이른바 인기 종목이다.

전자는 도넛이나 머핀 등을 제공하는 패스트푸드점으로 1948년에 창업했다. 캐나다와 독일 등 서방국가뿐 아니라 한국과 필리핀 등 아시아에서도 점포를 확장 중이었다. 월마트는 월튼가의 가족경영 기업으로 최초로 점포가 생긴 것은 1962년 아칸소주 로저스에서다. 그 후 사업을 확대하여 경쟁자가 적은 교외에 점포를 내며 폭넓은 제품 구성을 통해 1970~1980년대 급성장했다. 린치의 말에 따르면 **이런 종류의 텐배거는 전문 투자자보다 개인 투자자가 더 찾기 쉽다.** 왜 프로가 아닌 개인 투자자일까. 투자의 세계에 몰두하지 않는 폭넓은 시야를 가진 개인 투자자가 텐배거를 알아볼 수 있는 이유에 대해 다음 페이지에서 설명하겠다.

투자 기법

소형주는 아마추어의 강점이 빛나는 투자처

아마추어는 제약이 없다

앞서 말했듯 프로는 실패를 두려워한 나머지 운용 성적이 악화되었을 때 고객들로부터 받을 클레임이나 계약 해지를 피하기 위해 무난하고 안정적인 종목만 고르게 된다. 게다가 펀드매니저는 운용상의 제약이 있다. 성장을 기대하기 힘든 특정 산업에 대한 투자가 제한되거나, 기업 인수를 막기 위해 한 종목에 펀드 자산 전체의 5%를 넘는 투자를 해서는 안 된다는 것 등이다.

하지만 **아마추어(개인 투자자)**에게는 프로와 같은 제약이 따로 없다. 연인이나 가족에게 투자로 인한 실패를 원망받는 일은 있어도, 고객에게 대량의 펀드 해지 요청을 받아 커리어에 금이 가는 일도 없고 투자 금액의 제한도 없다.

업무상 알게 된 시장의 동향 활용하기

그리고 개인 투자자의 가장 큰 장점 중 하나는 프로보다 먼저 주목해야 하는 종목을 알아차릴 수 있다는 점이다. 개인 투자자는 '소비자로서의 지식'과 '업무상 알 수 있는 전문 지식' 2종류를 얻을 수 있다. 전자는 '소비의 최전선'에 있는 입장에서 어떤 기업의 상품이 인기를 끌고 있는지, 어떤 경쟁이 있는지 등을 알 수 있음을 의미한다. 자신이 평소 즐겨 사용하는 상품이나 서비스가 헤인스의 레그스처럼 인기몰이를 할 수도 있다.

후자는 업무상 얻을 수 있는 전문 지식으로 종사하고 있는 업무를 통해 알

개인 투자자의 2가지 강점

1. 소비자로서의 지식

어떤 상품이 인기 있는지 소비자 시점에서 얻은 지식

2. 업무상 알게 된 전문 지식

자신이 일하는 업계의 동향, 경쟁사 성장 관련 지식

이 2가지 시야는 전문 투자자에게는 없는 개인 투자자만의 장점

수 있는 업계나 경쟁사의 동향을 말한다. 예를 들어, '이달부터 자사와 경쟁사의 매출이 급상승하고 있다', '올해는 예년에 비해 재고가 많이 남아 있어 이익이 나지 않을 것이다' 등 산업 전체의 변화를 말한다. 전문 투자자라 하더라도 모든 업계의 동향을 상세히 추적할 만큼 시간과 노력을 할애할 수는 없다. 그래서 대략적인 정보는 알고 있지만 세세한 움직임은 감지하기 어렵다. 하지만 그곳에서 일하고 있는 사람이라면 평소처럼 일을 하는 것만으로도 유용한 정보를 얻을 수 있다. 이것이야말로 개인 투자자의 강점이다. **이 전문 지식은 특히 시황관련주 매매에 응용될 수 있다.** 시황관련주는 경기 등의 영향을 받아 실적이 오르내리는 종목으로 자동차, 항공, 타이어, 철강, 화학

등의 산업이 여기에 해당된다. 이 종목에 투자할 경우, 어느 타이밍에 실적이 오를지 혹은 언제쯤 떨어질지를 전망해야 하는데 업계 전체의 동향을 보다 가까이서 파악할 수 있는 개인 투자자라면 '슬슬 실적이 오르니 주식을 사는 게 좋을 것 같다' 등 자연스러운 검토가 가능하다.

자사주는 피하고 같은 업계의 타사에 주목하기

다만, 이런 전문 지식을 활용해 자사주를 매입한다면 내부자 거래 관련 법에 저촉되지 않도록 신경 쓸 필요가 있다. **내부자 거래란 '회사의 내부 정보를 알고 있는 회사 관계자*가 그 위치를 이용하여 공표 전의 정보를 바탕으로 주식을 매매하는 것'을 말한다.** 가령 실적이 20배로 증가했다는 발표 전 결산 정보(=주가가 오를 재료)를 아는 사람이 그 지식을 이용해 정보 공개 전에 주식을 사 두는 것이다. 이는 부정한 주식 매매로 위법 사항이 되니 특히 주의가 필요하다(발표 후라면 문제는 없다). 다만, 원래 자사주는 즉시 매매할 수 없는 구조로 되어 있는 경우가 많기 때문에 **전문 지식은 자사주 매입에 사용하지 말고 상장되어 있는 같은 업계의 타사 종목을 매매할 때에 활용하는 것이 좋다.**

---

* 회사 관계자: 상장회사의 임원 또는 상장회사와 계약 관계 혹은 교섭 중인 자. 장부의 열람권이나 업무를 인허가할 수 있는 권한을 가진 자 등이 해당.

전문 지식 활용 방법

좋은 예

 매년 같은 시기에 경쟁사들의 실적이 상승한다는 것을 깨달음

 해당 지식을 바탕으로 경쟁사 주식 구입

나쁜 예

 회사 관계자 신분을 이용하여 미공개 내부 정보 입수

  그 정보를 바탕으로 주식을 사고 파는 것은 내부자 거래로 불법

자신의 투자 스타일을 재확인하기

개인 투자자들이 이러한 강점을 살리려면 우선 '자신이 어떤 투자자인지'를 확인할 필요가 있다. 이를 확인하지 않으면 자산이 크게 감소하거나 텐배거를 놓칠 가능성이 높아지기 때문이다. 확인할 점은 2가지, '얼마만큼의 자금으로 투자할 것인가', '언제까지 투자할 것인가'이다.

우선 자금의 문제다. 펀드매니저와 달리 개인 투자자는 자기 자금으로 투자하기 때문에 손실이 날수록 개인 자산의 감소로 직결된다. '설령 0원이 됐다 하더라도 생활에 지장이 없는 돈'으로 투자하는 것이 원칙이다. 이것은 자신의 자산을 지키기 위한 기본 원칙이며 린치 역시 매번 강조하는 내용이다.

다음은 투자 기간이다. 아무리 오르는 종목을 보유하고 있다 하더라도 '3일

> 투자 스타일을 확인할 때 주목할 점

1 투자 자금

'잃어도 지장이 없는 돈'으로 투자하는 것이 원칙!
우량주라도 주가가 하락할 가능성이 있기 때문에 생활 자금으로
투자하지 않기

2 투자 기간

5년 정도는 보유하는 중장기 투자가 원칙!
실적이 좋아도 주가가 꼼짝하지 않는 경우가 있는데, 단기 투자에만
몰두하지 말고 참을성 있게 기다려 주가 상승의 기회를 놓치지 않기

후에는 이익이 나면 좋겠다'고 생각하며 바로 팔아 버린다면 텐배거를 노리기 힘들다. 기본적으로 투자는 장기적으로 하는 것이 유리하다. 시황관련주라도 수익을 늘리기 위한 노력을 하고 있는 기업이라면 실적 등락을 반복하면서 주가가 오를 것이다. 린치식 투자는 중장기 투자가 기본이다.

다음 페이지의 도표는 일본에서 주가가 10배 이상 오른 종목 일부를 정리한 것이다. 기업별 경영 상황에 따라 다르겠지만 **10년 정도 보유했을 때 주가가 수백 배로 뛰는 것을 알 수 있다.** 그중에는 1년 만에 텐배거를 달성한 종목도 있지만 이는 드문 케이스이다.

단기 투자보다 장기 투자가 유리하다는 것을 보여 주기 위해 GMO페이먼트 게이트웨이(3769)의 차트도 준비했다.

주가가 10배 이상이 된 종목

종목명	①최저가	②최고가	①과 ②의 배율	①에서 ②의 연수
레어잡(6096)	200엔 (2018년 12월)	3,145엔 (2019년 12월)	약 16배	1년
레저테크(6920)	130엔 (2012년 7월)	29,650엔 (2021년 9월)	약 228배	9년
DIP(2379)	30엔 (2011년 3월)	4,440엔 (2021년 9월)	약 148배	10년
모노타로(3064)	7엔 (2008년 1월)	3,470엔 (2021년 12월)	약 496배	13년
고베물산(3038)	25엔 (2008년 10월)	4,660엔 (2021년 9월)	약 186배	13년

투자 기간을 길게 하여 가격 상승을 기다린다

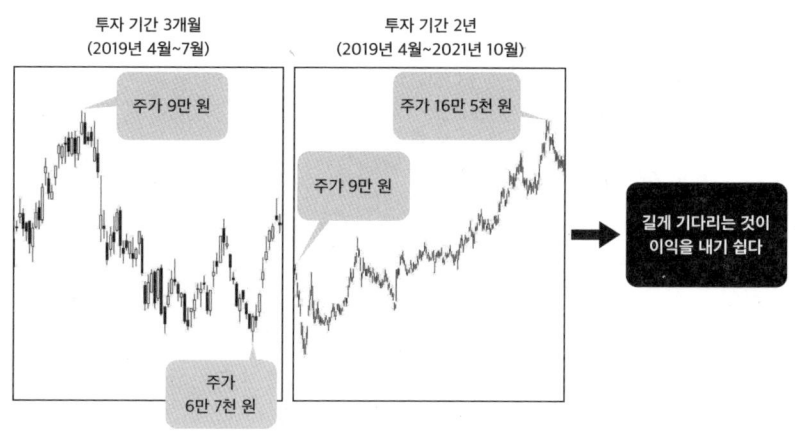

GMO페이먼트게이트웨이(3769)의 경우

투자 기간 3개월 (2019년 4월~7월) — 주가 9만 원, 주가 6만 7천 원

투자 기간 2년 (2019년 4월~2021년 10월) — 주가 9만 원, 주가 16만 5천 원

→ 길게 기다리는 것이 이익을 내기 쉽다

2019년 4월에는 최고 약 9만 원이었던 주가가 같은 해 7월에는 약 6만 7천 원으로 2만 3천 원가량 하락했다. 여기까지만 보면 큰 손실로 보인다. 그러나 이후로는 등락을 반복하면서 주가가 올라 **2021년 2월에는 고점인 약 16만 5천 원까지 올랐다.**

린치는 텐배거를 달성한 미국의 던킨도너츠나 월마트는 '소비자의 지식'으로 충분히 발견할 수 있는 종목이라고 말한다. '소비자로서의 지식', '업무상 얻을 수 있는 지식' 이 2가지를 사용하여 주목할 만한 종목을 발견한 다음에는 6가지 유형 중 어디에 들어갈지를 검토해 스토리를 구상하면 된다. 특히 '지금까지 들어본 적은 없지만 최근 이 기업이 인기를 끌고 있다'라는 경우는 급성장주일 가능성이 크다.

> **POINT**
> - 개인 투자자의 강점을 살려 종목을 조사하기
> - 텐배거를 달성하려면 짧아도 1년, 최장 10년 정도 시간이 필요

> 주요 장면

투자할 종목을 90초 이내로 설명하기

정보 공유 회의의 프레젠테이션

피델리티에서는 휴식 시간에 냉장고 앞에서 펀드매니저들끼리 주목해야 할 종목에 대해 이야기를 나누는 문화가 있었다. 이후 유익한 정보를 여러 직원과 공유하기 위해 매주 정식 회의가 열렸다. 회의에서는 그 주의 추천 종목이나 펀드에 담은 종목에 대해서 1종목당 3분 이내의 발표를 하기로 했다. 린치는 이 회의의 진행을 맡았는데 이때 **아무에게도 말하지 않고 조금씩 시간을 줄여 나갔다.** 발표에 열중한 참석자들은 시간 단축을 눈치채지 못했고 3분이라는 시간을 최종적으로는 90초까지 단축할 수 있었다. 린치는 왜 이런 조치를 취했을까? 그것은 '간결하게 설명하지 못한다는 것은 그 종목을 충분히 이해하지 못한 것과 같다'고 생각했기 때문이다. 종목의 투자 포인트를 이해하고 있다면 초등학생에게 이야기해도 알 수 있을 만큼 간결하게 설명할 수 있을 것이다. 반대로 요점을 파악하지 못했다면 이야기가 길어질 수밖에 없다. 종목에 대한 이해를 중시하는 린치다운 사고방식이다.

900개 종목의 동향을 추적하다

1983년 중반까지 마젤란펀드의 구성 종목은 450개였고, 그해 가을로 접어들면서 900개까지 늘어났다. 회의에서는 구성 종목의 동향에 대해서도 발표했기 때문에 린치는 '900개 종목을 각각 90초 이내에 설명해야 했다'고 농담처럼 말하곤 했다. 실제로는 몇 가지로 압축하여 발표했던 것으로 보이며, 린치는 어시스턴트와 작업을 분담하여 편입 종목의 동향을 쫓는 노력을 했다. 이만한 종목을 추적하는 것만으로 주 60~80시간을 일했다고 한다.

감상이나 의견은 금지

이 회의에서는 **발표자의 자신감을 떨어뜨리지 않기 위해 감상이나 의견 표명은 금지했다**. 회의는 어디까지나 '정보 교환'에 집중했고, 판단은 각자에게 맡기는 방법을 고수했다. 자신이 오른다고 생각한 종목을 발표했는데 누군가 '그런 종목은 안돼'라고 말한다면, 출석자들에게 비웃음을 당했다고 느낄 것이고 그 다음 회의부터 입을 다물어 버릴 가능성이 크기 때문이다. 모처럼 텐배거가 될 가능성이 높은 종목을 찾았는데도 발표자의 자신감에 따라 사장되어 버리면 큰일이다. **이런 감상 금지 규칙 덕분에 말주변이 없는 사람이라도 자신의 아이디어를 충분히 발표할 수 있었다.**

린치가 생각하는 주목해야 할 종목 중에도 비판받을 만한 것들이 많았다. 이러한 종목도 유연하게 수용하려는 자세가 린치뿐만 아니라 피델리티라는 회사 전체에 녹아 있었던 것이다.

투자 기법

종목의 스토리를 요약해서 이해도 높이기

이해도를 파악하는 기준은 90초

앞서 '수익 구조를 모르는 종목에는 투자하지 않는다', '자신의 지식을 활용할 수 있는 종목에 투자한다'라는 투자법을 설명했는데 여기서는 구체적으로 '종목을 얼마만큼 이해하고 있어야 하는가'의 기준에 대해 이야기하겠다. 린치가 사내 회의에서 했던 것처럼 **'90초 이내에 간결하게 종목 설명을 할 수 있느냐의 여부'**가 그 기준이 된다. 우선, 남에게 투자 포인트를 설명할 수 없다는 것은 자기 자신도 왜 그 종목을 사는지 이해하지 못하고 있다는 증거다. 머릿속으로만 생각하며 부정적 요소들은 무시한 채 자기 상황에 유리한 스토리를 만들어 낼 가능성이 있다. 그러한 상태라면 그 종목을 매수하기는 부적합하다. 또한 장황한 설명은 요점을 추려 내지 못했다는 이야기가 된다. 90초 요약을 통해 스토리를 더 간략히 요약할 수 있다.

스토리를 전하는 프레젠테이션

그렇다면 90초 동안 어떤 내용을 프레젠테이션하면 좋을까. 사업 내용, 신상품(신규 서비스)의 판매량, 기업 전체의 사업실적, 성장률, PER, 부채액 등의 정보도 중요하지만 우선은 자신이 구상한 '스토리'가 중심이 된다.

구체적인 예시를 보여 주기 위해 무인양품의 모회사인 양품계획(7453)의 인기 상품인 레토르트 카레를 예로 생각해 보자. 당신의 가족이 맛이 좋다며

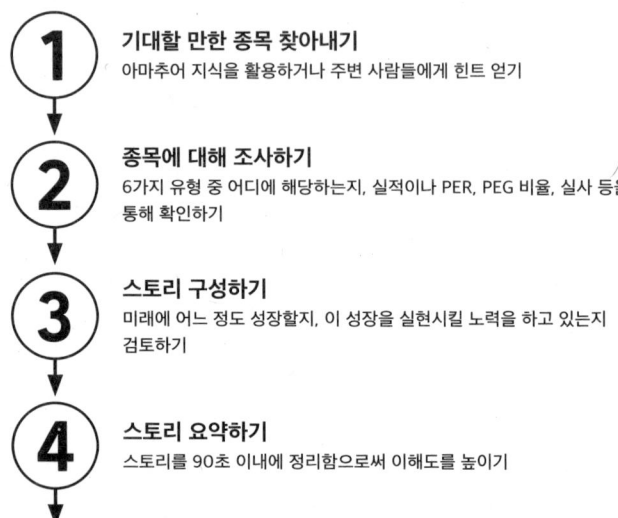

이 회사의 카레를 대량으로 구매했고, 그 다음 주에 만난 친구가 '무인양품의 카레가 맛있다'고 추천했다고 생각해 보자. 심지어 TV를 켜니 무인양품 카레 중 어떤 맛이 인기인지 특집 방송을 하고 있었다. 지금까지는 앞서 설명한 '소비자로서의 지식'이 활용되고 있는 상태다. 그래서 레토르트 카레에 대해 알아보니 연간 400만 인분이 팔리는 히트 상품이라는 것을 알게 되었다. 또한, 이 회사의 매출은 매년 8~12% 정도 성장하고 있어 우량주에 해당된다. 우량주 스토리의 포인트는 저렴함 또는 성장성인데 이 회사는 '2030년에 매출액 3조 엔, 영업이익 4,500억 엔을 목표로 한다'는 계획을 발표하여 성장성이 기대된다. 대략 이러한 방식이다.

대략적인 흐름은 ①그 종목에 주목하게 된 계기를 정리하고, ②실적 등 판단 요소에 대해 말하고, ③기업이 성장하는 스토리를 그리는 3가지이다. 이것은

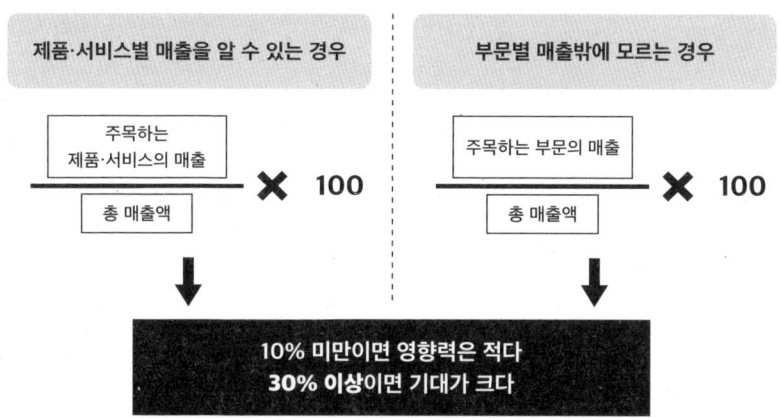

어디까지나 '프레젠테이션 방법의 예시'이기 때문에 실제로 양품계획의 성장을 보증하는 내용은 아니다.

이러한 내용을 90초 이내로 간결하게 말할 수 있다면 해당 종목에 대해 많은 고민과 연구가 있었던 것이고, 스토리가 머릿속에서 정리되었다는 것은 검증도 충분히 했다고 볼 수 있다. 이번 예에서는 소비자 시점의 지식이 활용됐지만 반대로 '요즘 인기가 있구나'라고 생각한 상품이라도 전체 매출에서 차지하는 비중이 적어 주가 상승에 영향을 미치지 않는 경우가 있다.

예를 들어, 양품계획의 유가증권보고서에 '식품 사업의 매출은 매출 전체의 3%'밖에 되지 않는다고 적혀 있었다고 하자. 식품 사업 중 레토르트 카레 매출은 한정되어 있기 때문에 이 상품이 회사 전체에 미치는 영향은 작다고 볼 수 있다. 이것을 기준으로 매출 전체의 10% 이하라면 기업에 미치는 영향은 작으며 기대는 희박하다고 할 수 있을 것이다. 하지만 30% 정도라면 매출 전

90초 이내에 스토리를 전달하기 위한 요점

① 제품·서비스 설명	⑤ 이 회사의 PER은?
주목하기 시작한 제품·서비스는 무엇인가	계산식은 63페이지 참조
② 계기	⑥ 실제 조사 결과
이 제품·서비스에 주목한 계기는 무엇인가	소비자 시각에서 본 인기도 및 성장성
③ 전체 매출에서 차지하는 비율	⑦ 우려점
제품·서비스가 실적의 주력인가 아닌가	부채액, 서비스 퀄리티, 경쟁사 동향 등
④ 이 회사의 성장률은?	⑧ 추가 성장 포인트
계산식은 36페이지 참조	중장기 계획 개요 등

체에 충분한 영향력을 준다고 생각해도 좋다. 이처럼 스토리를 90초 이내로 정리할 때 주목한 상품이나 서비스가 해당 회사의 주력인지의 여부까지 정보에 포함하면 이해가 더 깊어진다.

자신의 말로 설명하기

여기서 타인의 찬성 여부는 중요하지 않다. 투자 방법은 사람마다 다르기 때문에 어디까지나 '자신의 말로 설명할 수 있는가'가 포인트가 된다. 피델리티 회의에서도 의견이나 감상이 금지된 것은 다른 사람의 의견에 영향을 주거나, 영향을 받을 수 있기 때문이다. 정보 공유라는 목적을 갖고 있기에 해당 아이디어를 채택할지의 여부는 각자에게 맡겼다. 프레젠테이션을 할 때에도 사전에 듣는 이들에게 의견이나 감상을 금지한다는 안내를 해야 한다. 다른

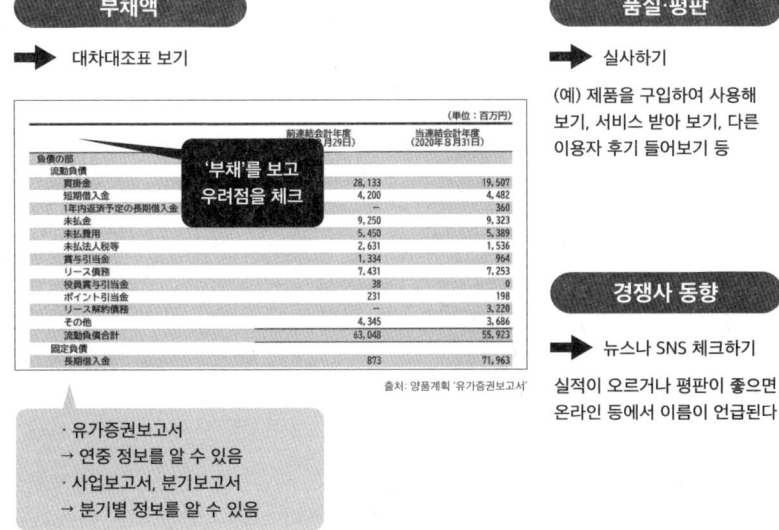

사람의 의견이 머릿속에 남아 올바른 판단을 그르치기 쉽기 때문이다.

90초 이내에 발표하기

린치의 생각을 실천하기 위해 프레젠테이션에 필요한 요점을 정리해 보았다. 일상생활에서 깨달은 점, 향후 잘 나갈 것 같다고 생각한 계기나 이를 보충하기 위한 숫자에 대해서 이 시트를 따라 검토해 보자. 항목 모두를 채울 필요는 없으며 자신이 중요하다고 생각하는 부분을 채워 나가면 된다. 다만, '전혀 걱정이 안되는 종목', '100% 텐배거가 될 종목'은 없다. 우려할 만한 부분이 있다면 가급적 명확하게 짚고 넘어가는 것이 좋다. 이 우려가 현실로 나타난다면 손을 뗄 시점이라고 생각하자.

> **POINT**
> - ①주목한 계기, ②실적 등의 판단 요인, ③기업 성장의 스토리 등 3가지를 90초 이내로 요약하여 말하기
> - 우려 사항이 있다면 가능한 명확하게 하기

PART 4

실패로 배운 매매 기술과 버팀목이 된 실적회복주

> **린치의 말**
>
> "이러한 방식은 말도 안 된다고 했지만 굽히지 않았다"
>
> ─ 1993년 《피터 린치의 이기는 투자》 제5장에서

쇠퇴한 유명 기업

1982년 린치가 자동차 산업의 대기업인 크라이슬러를 펀드에 편입시킨 것을 회고하면서 했던 말이다. 크라이슬러는 50년 이상의 역사를 가진 유명 자동차 회사로 지프 등의 브랜드를 보유하고 있다. 미국에서는 포드, GM(제너럴 모터스)와 함께 '빅3'로 불렸다. 그러나 이 회사는 1970년대부터 경제위기에 빠지게 된다. 어떻게든 재건을 시도했지만 1980년대에는 자동차 산업 전체가 침체되어 있었고 이에 '크라이슬러는 파산 직전'이라는 소문이 돌기 시작했다. 당시 크라이슬러는 린치의 종목 분류에서 말하는 '실적회복주'였다. 이러한 유형의 종목은 실적을 회복시켜 부활할 것인지 그대로 도산할 것인지를 지켜봐야 하기에 난이도가 높은 투자에 해당한다. 린치는 포드나 볼보 같은 시황관련주도 동시에 편입시켰지만, 크라이슬러에 투자할 때 더 큰 이익을 낼 수 있을 것으로 전망했다.

린치는 펀드매니저로서 고객들의 자금으로 투자하고 있었기 때문에 파산 직전의 크라이슬러를 펀드에 담는 것은 고객의 신뢰를 잃을 수 있을 만큼 위험부담이 컸다. 만일 크라이슬러가 그대로 도산한다면 여기에 투자한 돈은 그

대로 사라질 것이었다. 그러한 위험 때문에 대부분의 기관투자자는 크라이슬러에 투자하지 않았다.

그러나 크라이슬러의 재무제표를 확인한 린치는 충분한 자산을 가진 상태여서 당장 도산하지는 않을 것으로 전망했다. 또한, 정부의 지원을 받는 등 다른 요소들을 살펴보며 크라이슬러가 실적을 회복할 것이라고 확신했다. 주위에서는 '크라이슬러는 위험하다', '크라이슬러는 곧 망할 것'이라고 말렸지만 린치는 이러한 말을 무시한 채 펀드의 구성 비율을 늘려 갔다.

다른 사람의 말에 휘둘리지 않는다

린치는 종종 다른 사람의 말이 머리에 남아 투자 판단을 망설이게 된다고 말했다. 린치는 다른 사람의 말에 현혹되었던 사례로 워너 커뮤니케이션즈를 들고는 한다. 크라이슬러의 경우는 다른 사람의 목소리에 귀를 기울이지 않았기에 신념을 관철할 수 있었다. 1982년 봄부터 크라이슬러를 편입하기 시작하여 같은 해 7월 말에는 펀드편입비율의 상한선인 5%를 채웠다. 같은 해 말 마젤란의 자산이 4억 5천만 달러였다는 점에서 당시 크라이슬러 투자 자금은 2,250만 달러(당시의 달러 가치를 현재의 한화로 환산하면 약 98억 5,650만 원)로 추측된다. 투자 결과, 크라이슬러의 주가는 5년 만에 15배가 되었고, 마젤란펀드의 자산 확대에 큰 도움이 되었다. 후에 린치는 '결산서를 읽으면 크라이슬러의 실적 회복은 누구라도 간파할 수 있었을 것이다'라고 말했다.

*《전설로 떠나는 월가의 영웅》

> **주요 장면**

린치의 말을 버핏이 인용하다

늘 갖고 싶었던 종목을 발견하다

매매 타이밍에 실패한 것을 린치는 "꽃은 뽑아 버리고 잡초에 물을 준다"라고 표현했다. 꽃은 매도 후 상승하는 종목을 나타내고 잡초는 하락하는 종목을 나타낸다. 린치는 마젤란펀드를 운용하며 많은 종목을 펀드에 편입시켰고 또 팔아넘겼다. 유망주를 하나 발견했다고 생각했는데 그다음 날 또 다른 유망주를 발견하는 등 늘 사고 싶은 종목이 있었던 것이다. 하지만 펀드를 운용하는 자금은 한정되어 있었기 때문에 원하는 종목을 발견할 때면 울며 겨자 먹기로 다른 종목을 팔아야 했다. 또한 펀드매니저는 고객을 위해 1년에 한 번 매매 상황을 보고서로 작성해야 했다. 여러 번 반복되는 매매 상황을 고객이 납득할 수 있도록 '주가가 상승한 시황관련주를 팔아서 수익 증가를 기대할 수 있는 종목에 투자함' 등의 내용을 담은 보고서를 작성해야 했는데 이 일이 그에게는 매년 어려운 숙제처럼 주어졌다.

팔아 치운 급성장주

린치는 과거의 보고서를 다시 읽어 본 후 그동안 팔았던 종목들을 돌아보니 크게 성장한 종목이 수두룩했다는 사실을 깨달

린치 씨에게 부탁이 있어서 전화드렸습니다

았다. 특히 아쉬웠던 것은 지금도 미국에서 식품 마트를 2,000점포 이상 운영하고 있는 앨버트슨Albertsons, 창고형 슈퍼를 운영하는 팩엔세이브Pak 'n Save, 1980~1990년대에 급성장한 토이저러스, 많은 히트 영화를 제작한 워너 커뮤니케이션즈(현 워너 브라더스 디스커버리), 물류 서비스 사업을 하는 페더럴 익스프레스(현 페덱스) 등이었다. 특히 **앨버트슨이나 토이저러스는 매도 이후 주가가 300배가 넘은 급성장주였다.** 린치는 저서에서 자신의 성공뿐 아니라 실패에 대해서도 유머러스하게 풀어냈다. 종목을 꽃이나 잡초에 비유한 것이 참으로 린치다운 표현이다.

'투자의 신'에게 걸려 온 전화

이 말은 '투자의 신'으로 유명한 워런 버핏이 자신의 지주회사 **버크셔 해서웨이의 연례보고서에서 인용한 것으로도 잘 알려져 있다.** 어느 저녁 린치에게 버핏이 직접 전화를 걸어 '이 표현을 사용해도 괜찮은지' 물었다. 뛰어난 통찰력과 문장력을 지닌 버핏의 제안에 린치는 가슴 설레며 기꺼이 승낙했다. 1989년에 발표된 버크셔 해서웨이의 연례보고서에서 린치의 말이 다음과 같이 인용되고 있다.

'우리(버크셔 해서웨이)는 기업이 호조세일 때 서둘러 팔아 이익을 장부에 적고, 저조할 때는 팔지 않고 끈질기게 갖고 있는 사람들과는 정반대입니다. 이러한 사람들의 행동을 피터 린치는 매우 적절하게 "꽃은 뽑아 버리고 잡초에 물을 준다"라고 비유하고 있습니다.'

투자 기법

유망 종목의 매매 타이밍

프로도 고민하는 매매 타이밍

흔히들 주식에서 가장 판단하기 어려운 것은 매수 타이밍이 아닌 매도 타이밍이라고 말한다. 주식이 매수할 때보다 올랐더라도 팔지 말지 고민하며 못 팔다가, 결국 값이 떨어져 손에 쥐어야 할 이익을 놓쳐 버리는 경우가 많기 때문이다. '이 종목은 지금 사는 것이 적절할까', '지금 당장 팔고 싶다' 이러한 고민들은 개인 투자자 뿐만 아니라 전문 투자자를 괴롭히는 문제이기도 하다. 린치는 많은 유망주를 매도하였는데 그의 경험을 바탕으로 실패하지 않기 위한 매매 타이밍을 앞서 언급한 6종류의 유형에 따라 정리했다.

원칙은 '왜 사야 하는지 근거를 명확히 한 다음에 산다', '계속 보유할 근거가 없어졌을 때 판다'이다. 이미 3장에서 매입의 근거가 되는 스토리 구성법에 대해 설명했는데, 여기에서는 린치가 '종목 구입 전 최종 체크 사항'으로 꼽는 항목과 매도 타이밍에 대해 원칙을 보충하는 형태로 6가지 유형에 따라 각각 설명하도록 하겠다.

저성장주 매매

저성장주는 주가가 크게 오를 것으로 기대할 수 없기 때문에 배당금을 목적으로 사게 된다. 배당금이 지급되고 있는지, 배당금 증가(증배)가 꾸준히 이루

저성장주의 매매 기준이 되는 배당성향

배당성향

$$\frac{1주당\ 배당}{1주당의\ 순이익} \times 100$$

배당성향은 %로 나타낸다. 배당성향이 0%는 배당 없음, 100%는 순이익을 모두 배당으로 돌리고 있다는 것을 뜻한다

포인트 | **배당성향이 지나치게 높지 않은 종목** | 배당성향이 높으면 사내유보금*을 비축하기 어려워 불황 시에 배당금을 감소(감배)할 가능성이 있다

어지고 있는지가 중요 체크 포인트라는 점은 이미 앞에서도 충분히 언급했다. 또한 **경기가 악화됐을 때에도 배당금을 지급할 수 있는지 주목해야 한다**. 기업이 얻은 순이익 중 몇 %가 배당으로 돌아가는지 계산한 '배당성향'이라는 지표가 있다. 이 숫자가 크면 배당을 많이 주는 '먹을 것 많은' 종목이지만, 불경기가 되어 여유가 없어질 땐 배당을 줄일 가능성이 높다. 배당성향이 낮은 기업은 배당으로 돌리지 않는 만큼의 돈을 저축하고 있기 때문에 불황 시에도 안정적으로 배당을 유지할 수 있다. **배당액이 높고 배당성향이 낮은 종목이 있다면 매수 신호가 된다**. 매도 신호는 '사업 악화에 따른 배당금 감소(감배) 가능성'이다. 앞으로 나올 신상품이 없고 연구개발비를 줄이고 있으며, 시장점유율이 2년 이상 떨어지고 있다면 결국 감배로 이어진다.

---

* 사내유보금: 인건비와 세금 등의 비용을 제하고 남은 이익을 사내에 보유하는 것. 좁은 의미로는 대차대조표 내의 이익잉여금을 가리킨다.

우량주 매매

매수 판단은 앞에서 설명한 구매 포인트인 'PER이 낮고 저렴한가', '성장률을 유지하고 있는가'에 더하여 2가지의 포인트를 추가로 판단한다. 그 첫 번째가 **'과거 불황을 어떻게 극복했는가'**이다. 가령 니토리홀딩스(9843)는 불황을 미리 읽고 앞서 움직인 기업이다. 2000년대부터 미국 주택가격이 상승하고 있음을 감지한 이 회사의 사장은 폭락을 예측하고 미리 대비하기로 결심했다. 2008년 초 보유하고 있던 외국 채권을 모두 매각하여 현금을 확보한 것이다. 5월에는 '가격 인하 선언'을 통해 1,000가지 품목의 가격 인하를 실시하면서 예상을 뛰어넘는 매출을 달성할 수 있었다. 같은 해 9월에 발생한 세계금융위기 후에도 정기적으로 가격 인하를 실시하여 매출 확보를 이어 나갔다.

두 번째 포인트는 최근 몇 년간의 인수 실적을 살피는 것이다. 가끔 사업의 **'다각화'를 추구한 나머지 잘못된 선택을 하는 경우가 있다.** 여기서 말하는 다각화란 기업이 사업 확대를 위해 다른 기업을 인수하는 것을 말한다. 아예 처음부터 새로운 분야를 시작하거나 수백 명 규모의 신규 인원을 고용하는 것은 어렵기 때문에 다른 기업을 인수해 자회사화하여 사업 확대를 꾀하는 경우다. 예를 들어, 외식체인으로 스키야 등을 운영하는 젠쇼홀딩스(7570)는 지금까지 코코스 재팬, 나카우, 졸리파스타 등을 인수하여 일본 맥도날드에 버금가는 거대 기업이 되었다. 하지만 무분별하게 다각화를 하다 보면 '인수 가격이 너무 높았다', '인수 후 경영난에 빠졌다', '경영노하우가 없는 분야를 인수해 사업이 뜻대로 진행되지 않는다' 등의 안 좋은 상황이 발생하여 경영이 악화되는 경우가 있다. 이러한 과제를 해결하지 못하면 최종적으로는 인수 가격보다 싼 값에 자회사를 팔아 버리게 된다. 린치는 이를 '다악화

우량주 매매의 체크포인트

① 불황 시의 대처

출처: 동양경제온라인

뉴스사이트에서 소개된 경영자 인터뷰로 확인

② 다각화의 성공 여부

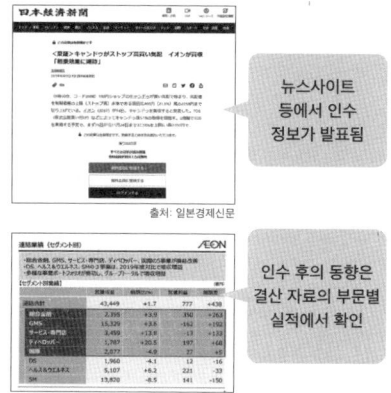

뉴스사이트 등에서 인수 정보가 발표됨

출처: 일본경제신문

인수 후의 동향은 결산 자료의 부문별 실적에서 확인

출처: 이온 [2021년도 제2분기 결산 설명회 자료]

diworsification'라고 부른다. 다악화는 실적 하락의 요인이 될 수 있기 때문에 최근 몇 년간 어떤 기업을 얼마에 인수했는지, 앞으로 어떤 기업을 인수할 것인지에 대한 동향을 살피는 것이 좋다.

매도 신호로는 '매수의 근거'였던 PER이 높아졌을 때, 혹은 신상품에 대한 시장의 반응이 제각각일 때 등을 들 수 있다. 우량주에 한해서는 '주가가 25~30% 정도 오르면 이익을 실현하여 우량주로 갈아타는' 방법을 반복하여 충분한 이익을 낼 수 있다. 린치는 급성장주 매입에서 실패한 적은 있지만 우량주에서만큼은 언제나 성공했다.

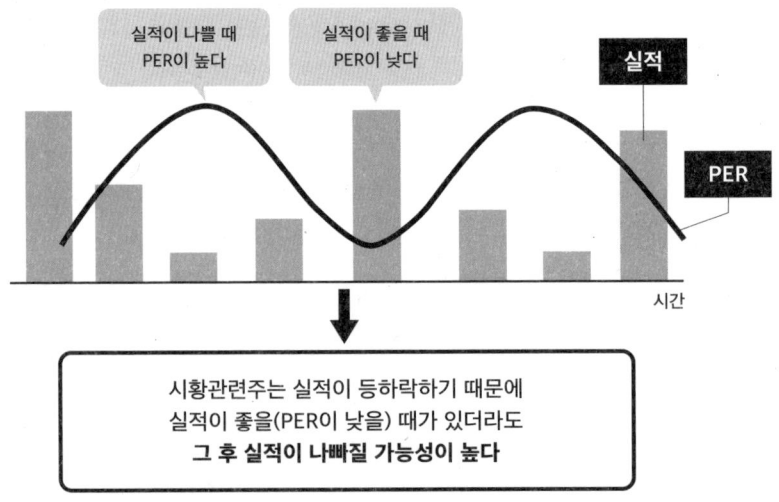

시황관련주 매매

우량주는 낮은 PER(=저렴한 종목)이 매수 사인이었지만, 시황관련주는 그 반대다. 시황관련주의 실적이 정점에 가까워지면 상당수의 투자자들은 곧 실적이 떨어지는 시기에 접어들 것으로 전망한다. 그러면서 매물을 내놓기 때문에 자연스레 주가가 내려가는 것이다. 당연히 주가 하락과 동반하여 PER도 떨어지지만 이를 저가주로 오인해 실적 저하를 예견하지 못하고 사 버리면 고점에 묶이게 된다. 이로 인해 **시황관련주는 낮은 PER이 저렴함의 신호가 아니라 하락 트렌드의 신호(=매도 신호)**라고 할 수 있다.

또한 신규 진출 기업으로 인해 실적이 떨어지기 쉽다. 경쟁이 시작되면 어느 기업이든 상품을 저렴한 값에 제공하게 되므로 기업의 수익을 떨어뜨리는 원인이 된다. 그 외에도 비용 증가, 재고 처리의 어려움 등의 요소가 있다.

급성장주 매매

급성장주 매입 전 마지막 체크 포인트는 '성장이 너무 급하지 않은가' 살펴보는 것이다. 20~25% 정도의 성장률이 적절하지만 이보다 클 경우 사업 확대를 서두른 결과로 고비를 맞을 가능성이 있다. 또한, 매장이 필요한 사업이라면 매장 수를 통해서도 추측 가능하다. 작년에는 5점포, 올해는 8점포를 오픈하고 있다면 순조롭게 규모를 키워 나가고 있기에 해당 종목에 기대를 걸수 있다. 그러나 갑자기 오픈할 점포 수가 급증했다면 고비가 올 수 있고, 반대로 감소하는 경우에는 성장이 정체될 가능성이 있다.

마찬가지로 매출액도 성장 속도로 판단한다. 신규 오픈 점포가 없거나 신상품이 개발되지 않거나 신상품 판매가 저조한 상태라면 매도를 검토한다. 린치가 책을 통해 언급한 것과 같이 **가장 최근의 분기 결산에서 점포 매출이 3% 이상 떨어졌다는 것은** 매도 신호의 구체적인 예가 된다.

실적회복주 매매

실적회복주의 매수 포인트는 앞에서 소개한 바와 같고 특별히 추가로 확인할 것은 없기 때문에 여기서는 매도에 대해 설명하겠다. 실적회복주는 도산 직전의 타이밍에 사서 실적이 회복되어 주가가 상승할 때 이익을 볼 수 있다. **경영난을 무사히 극복하고 실적이 회복된다면 더이상 '실적회복주'가 아니다.** 예를 들어 자동차 산업 종목이라면 회복 후에는 원래의 시황관련주로 돌아가기 때문에 해당 매매 포인트에 따라 매도 시기를 찾는다. 반면, 실적이 회복되지 못하는 경우도 있을 수 있기에 '감소하던 채무가 다시 증가하기 시작했다', '재고가 늘기 시작했다', '특정 고객에 의존하고 있는데 그 고객도 등을 돌리고 있다' 등의 상태가 되면 매도를 검토하는 것이 좋다.

자산주 매매

자산과 부채가 얼마나 있느냐가 포인트이다. 자산이 많더라도 이를 상회하는 부채가 있다면 주가 상승을 기대하기 어려울 것이다. 이것은 앞에서 해설한 실적회복주의 특징과 비슷하다. 또한 주가가 급상승하려면 '자산주를 인수하는 기업이나 펀드'의 등장이 필요하다. 인수전이 시작되면 주가가 상승하기 때문에 인수 후의 성패를 지켜보며 주가가 급등하는 매도 시기를 찾는다.

> **POINT**
> - 매입 근거를 보다 명확히 하고 사기
> - 매도 시기는 매수 시의 근거(스토리·숫자)가 사라졌을 때

> 주요 장면

도산 직전이었던 크라이슬러에 투자

자동차주가 펀드를 크게 만들다

1980년대 중반 마젤란펀드의 자산을 크게 변화시킨 것은 크라이슬러를 비롯한 **자동차주였다**. 당시 미국의 자동차 판매는 부진을 겪고 있었다. 자동차와 트럭 판매량은 1977년 기준으로 1,540만 대였던 것이 1982년에는 1,050만 대로 크게 감소했다. **린치는 이런 불황일수록 적절한 매수 시기라고 판단했다**. 저렴한 타이밍에 사서 매출이 늘어나는 때를 기다리면 된다고 생각한 것이다. 당초 포드나 볼보 같은 종목에 주목하기도 했지만 이후 눈여겨본 회사는 크라이슬러였다. 이 회사는 다른 자동차 회사에 비해 실적이 크게 떨어졌고 거액의 부채가 있어 도산이 임박했다는 이야기가 떠돌았다. 그러나 린치가 크라이슬러를 조사했을 땐 개선의 노력을 하고 있는 것이 보였다.

크라이슬러는 탱크 등 군수 부문을 매각하여 현금 보유를 총 10억 달러 이상까지 늘렸다. 그리고 일부 공장을 폐쇄하는 등 대담한 개선을 시도했다. 또한 크라이슬러가 연명할 수 있도록 미국 정부 역시 채무 보증*을 하고 있었기 때문에 실제로는 이 회사가 도산할 것이라는 소문은 과장된 소문이었으며, 적어도 수년 동안은 도산하지 않을 상태였다. 1982년 이후 린치는 크라이슬

* 채무 보증: 채무자(채무를 진 사람)가 변제할 수 없게 되었을 때 대신 채무를 이행하는 것.

러, 포드, 볼보와 같은 자동차 업체를 펀드에 편입시켜 1억 달러 이상의 이익을 냈다. 그중에서도 주가 상승이 가장 컸던 것은 크라이슬러였다. **린치는 크라이슬러에 투자하고 5년 만에 15배라는 성과를 거뒀다.** 이때 린치보다도 더 저점에 사서 고점에 판 투자자의 수익률은 32배나 됐다는 점에서 크라이슬러의 주가 회복이 얼마나 경이적이었는지 알 수 있을 것이다.

TV 방송에서 크라이슬러를 추천

크라이슬러를 펀드에 편입시키기 시작한 1982년 가을, 린치는 '월스트리트 위크'라는 TV 프로그램에 출연했다. 투자나 경제를 테마로 한 당시의 인기 프로그램이었다. TV 출연이 처음이었던 린치는 긴장하기도 했지만 진행자와의 대담을 이끌어 나갔고, 추천 종목으로 크라이슬러를 꼽았다. 한편 당시 인기를 끌고 있었던 하이테크주에 대해서 흥미를 보이지 않은 점 때문에(기계를 잘 몰랐던 린치가 수익 구조를 모르는 종목에는 투자하지 않는다는 룰에 근거하여 하이테크주에 투자하지 않음) '시대착오적인 독특한 캐릭터'로 시청자들에게 좋은 반응을 얻었다. 방송 출연을 계기로 사람들의 이목이 마젤란펀드에 집중되었고 고객도 함께 증가했다. 프로그램에 출연하기 전년에는 펀드의 자산이 1억 달러였다면 **출연 후 수개월 뒤에는 4억 5,000만 달러로 불어났다.** 이후 크라이슬러를 비롯한 자동차주의 주가가 크게 상승하며 큰 이익을 냈고, 린치는 많은 투자자에게 수익을 안겨 줄 수 있었다.

투자 기법

유망 종목을 발견하는 결산 정보 읽는 법

주요 재무제표 3가지의 이름과 개요

손익계산서
수익이나 비용, 이익을
얼마나 냈는지가 정리된 서류

현금흐름표
어디서 회사로 돈이 들어왔고
무엇에 돈을 썼는지가 정리된 서류

대차대조표
주로 회사의 자산과 부채,
순자산에 대해서 정리된 서류

이 부분을 해설!

대차대조표에 주목

지금까지 거듭 언급한 바와 같이 크라이슬러와 같은 실적회복주의 포인트는 '부채가 얼마나 있는가', '부채 이상의 자산(현금)이 있는가'이기 때문에 **결산 자료 확인이 무엇보다 중요하다.** 또한 자산이 얼마만큼 있는가는 자산주의 포인트와도 비슷하여, 린치는 많은 자산을 모은 '부자' 종목에도 주목하고 있었다. 일반적으로 결산 자료로는 '대차대조표', '손익계산서', '현금흐름표' 3가지가 유명한데 이번 장에서는 크라이슬러의 예에서 실적회복주와 자산주

대차대조표의 자산과 부채의 종류

자산	부채
유동자산 　현예금 　외상 매출금 등	유동부채 　외상값 　지불 어음
고정자산 　건물 　토지 등	고정부채 　차입금 　퇴직급여 관련 부채
무형 고정자산	**순자산**
투자 외 자산 　투자유가증권 등	주주자본 　자본금 　자본잉여금
조정자산 　개업비 등	평가환산차 등

- 1년 이내 현금화 할 수 있는 자산으로 현예금이나 유가증권, 외상매출금 등
- 현금화에 1년 이상 걸리는 자산으로 기계장치 등도 포함됨
- 1년 이내 상환할 부채로, 단기차입금, 외상값 등
- 상환까지 1년 이상 남아 있는 부채로, 회사채 등

를 찾는 2가지 방법에 초점을 맞춰 대차대조표를 어떻게 읽는지 그 방법에 대해 해설하겠다.

대차대조표는 기업의 재무상태를 나타내는 서류로 기재 내용은 크게 좌우로 나눌 수 있다. 왼쪽이 현금이나 유가증권, 부동산 같은 기업의 자산이고, 오른쪽이 회사 부채와 순자산의 정보이다. 부채는 지급해야 하는 돈이지만 순자산은 주주로부터 받은 출자에 따른 자본금이나 배당, 이익 잉여금 등 지급할 필요가 없는 돈으로 구성되어 있다. 또한 오른쪽과 왼쪽의 숫자가 반드시 일치한다는 점에서 '밸런스 시트'라고 불리기도 한다.

부채액을 파악하기

주요 자산에는 1년 이내에 현금화할 수 있는 '유동자산'과 현금화에 1년 이상 걸리는 '고정자산' 2가지 종류가 있다. 유동자산은 기업이 가진 현금이나 유가증권을 포함하고 있으며 고정자산은 건물과 설비 등으로 나뉜다. 부채 역시 1년 안에 갚아야 하는 '유동부채'와 1년을 넘긴 시기에 지급하는 '고정부채'가 있다. 유동부채로 생각할 수 있는 것이 **금융기관에게 빌린 단기 차입금이다.** 상환기간이 짧기 때문에 단기 차입금이 많은 기업은 그만큼 파산 위험이 높아진다. 그러나 이를 갚을 만한 현금을 보유하고 있다면 도산할 가능성은 낮기 때문에 린치는 '유동부채보다 현금·예금이 많다면 유동부채에 대해서는 고려하지 않는다'고 말했다.

고정부채의 대표는 회사채다. 이것은 회사가 발행하는 채권으로, 한 번 발행되면 상환까지 5~10년 정도의 시간이 생긴다. 당장 기업 재정을 괴롭히는 것은 아니지만 너무 많이 발행할 경우 문제가 될 수도 있다. 그렇다면 고정부채가 많은지 적은지는 무엇을 기준으로 판단하면 좋을까? 린치에 따르면 고정부채와 자본금의 비율로 판단할 수 있다. 린치는 **주주자본이 75%, 고정부채가 25%라면 건전한 재무라고 생각했다.** 예를 들어 주주자본이 5,000만 원이면 고정부채액은 1,250만 원 이내가 안전하다는 것이다.

다른 예로 설명해 보자. 닌텐도(7974)가 2021년 8월에 발표한 대차대조표의 일부다. 닌텐도는 실적회복주나 시황관련주는 아니지만 고정부채와 주주자본을 비교하면 고정부채 비중이 약 2%로 매우 낮은 상태로 유지되고 있어 재무가 건전한 기업임을 알 수 있다. 한편 페퍼푸드서비스(3053)가 2021년 8월에 발표한 대차대조표에 따르면 고정부채가 약 330억 원, 주주자본이 약

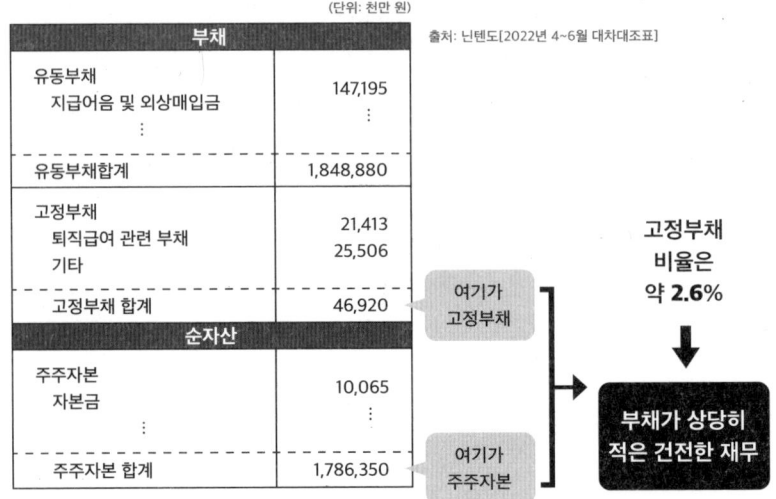

260억 원이었다. 즉 고정부채 비율이 약 56%로 재무상태가 부실하다는 것을 알 수 있다.

실적회복주의 대차대조표를 볼 때는 이 부채액이 해마다 감소하고 있는지 등 개선 상황에 주목하자. 린치가 투자한 크라이슬러는 많은 부채를 보유하고 있었지만, 현금·예금이 많았고 정부 지원도 받고 있어 당장 도산하지는 않을 것으로 판단할 수 있었다. 다음은 자산 읽기 방법이다.

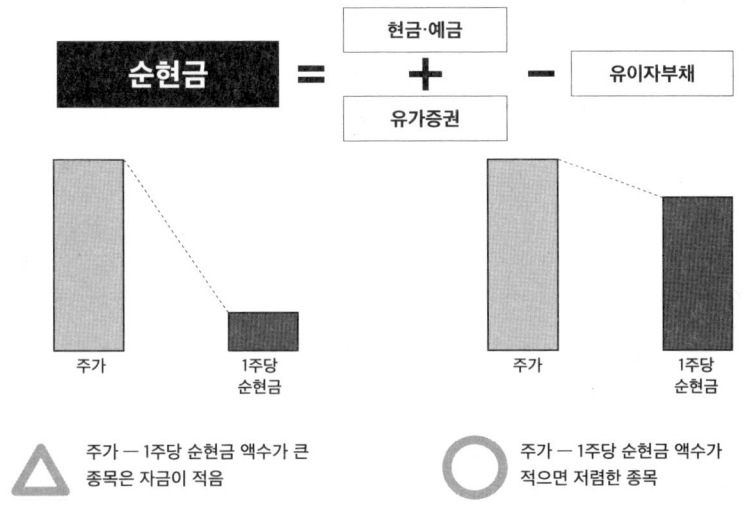

회사의 '저축'에 주목하기

회사의 자산이 많다고 해도 고정자산처럼 현금화에 시간이 걸리는 것도 있다. 이러한 점에서 린치는 '회사가 필요할 때 언제든지 사용할 수 있는 돈'에 주목했다. 회계에서는 일반적으로 순현금$^{Net\ cash}$이 자유도가 높은 돈에 해당한다.

수중에 보유하고 있는 자금이 많더라도 대부분이 빌린 돈이라면 건전한 재무 상황이라고 할 수 없다. 요약하면 **순현금이란 기업의 현금 보유 정도를 나타내는 지표의 하나로 이 액수가 많을수록 '저축'이 있는 건전한 상태이다.** 결산 자료 중에 '순현금'이라고 하는 항목은 없지만 대차대조표의 '현금·예금', '유가증권'의 합계에서 '유이자부채'를 제외하는 것만으로 간단하게 산출할 수 있다.

또한, 순현금은 회사가 보유하고 있는 '회사의 가치'라고 볼 수 있다. 기업의 가치에는 '이미 보유하고 있는 가치'와 '미래에 창출되는 가치(=이익)' 2종류가 있는데 순현금은 현시점에서 기업이 가지고 있는 가치이기 때문에 전자에 해당한다.

물론 회사의 가치가 클수록 투자자들에게 더 좋은 평가를 받게 된다. 순현금이 크고 매력적인 사업을 하고 있는 회사라면 후자의 '미래에 창출되는 가치'도 더해져 노려볼 만한 종목이 된다. 순현금의 크기를 판단하려면 순현금을 발행완료주식총수로 나눈 '1주당 순현금'이 참고가 된다. **현재 주가에서 이 금액을 뺀 숫자가 작을수록 회사의 가치는 크고, 현재의 주가는 낮은 것이다.** 순현금÷발행완료주식총수로 계산해 보면 1주당 순현금을 산출할 수 있다.

POINT
- 자본금과 고정부채를 비교해서 고정부채가 25% 이하이면 건전
- (현재 주가)-(1주당 순현금)이 작을수록 주가가 저렴한 것

PART 5

은퇴 결심과 개인 투자자로서의 텐배거 탐구

> "시장 전체를 상회하는 운용 성적을 내지 않으면
> 직성이 안 풀리는 성격이었다"
>
> ― 1993년 《피터 린치의 이기는 투자》 서문에서

1990년에 은퇴

마젤란펀드를 운용하기 시작한 지 13년이 지난 1990년, 린치는 펀드매니저 직무에서 물러났다. 그 이유는 **펀드매니저라는 일이 주는 부담이 커져서 가족과의 시간을 충분히 가질 수 없었기 때문이었다.** 은퇴 직전 린치는 마젤란펀드 운용뿐만 아니라 시민단체의 투자위원회로서 투자 운용에 대해 지원했는데 이러한 업무까지 겹쳐져 가족과 함께하는 시간이 현저히 줄어들었다. 딸이 세 명 있었는데, "매주 딸들이 자기소개를 하지 않으면 누가 누군지 알 수 없었다"라고까지 표현했다. **또한 아버지의 죽음이 은퇴를 결심한 계기가 되기도 했다.** 린치의 아버지는 46세에 돌아가셨는데 1990년에 린치 자신도 돌아가신 아버지와 같은 나이가 되어 있었다. 그때야 비로소 자기 자신의 죽음에 대해서도 생각해 보게 된 것이다.

"죽음을 앞두었을 때, 가족과 함께 더 많은 시간을 보내지 못한 것을 후회하는 일은 있어도 더 많이 출근해서 일하지 못한 것을 후회하지는 않을 것이다"라고 말했다.

많은 기업의 제안을 거절

펀드매니저를 은퇴하는 일은 원만하게 진행되었다. 높은 실적을 가지고 있었기에 다른 펀드를 운용해 보지 않겠느냐는 제안을 받기도 했다. 예를 들어, 피델리티 회장에게는 마젤란보다 자산이 적은 1억 달러 정도의 펀드를 운용해 보지 않겠냐는 제안을 받았다. 피델리티 이외의 증권사에서도 펀드 운용을 여러 차례 제의받았다.

이미 린치는 세상에 알려진 유명인이었기 때문에 그의 이름을 사용해 새로운 펀드를 만드는 것은 하나의 비즈니스 기회와도 같았다. 그러나 린치는 이들 제안을 모두 거절했다. 그는 그 이유에 대해 다음과 같이 말했다. "시장 전체의 평균을 상회하는 운용 성적을 올려야 직성이 풀리는 성격이었다." 운용 자산액이 마젤란펀드보다 적어도 펀드 운용이라는 업무 내용은 동일하다. 어떤 증권사든 **펀드를 운용하면 지금과 같은 수익률을 목표로 하고 이를 위해서는 치밀하게 조사를 해야 했기에** 린치의 성향상 휴일에도 출근하는 것을 피할 수 없었다. 그렇게 되면 가족과 나눌 수 있는 시간이 자연스럽게 없어지게 될 것이었다. 그는 탐욕스러울 정도로 성과를 찾아 투자를 하는 사람이었기에 항상 모든 시간을 쏟아부어 일했다.

은퇴 후 린치는 풀타임 근무를 그만두고 '좋은 아버지'로서 가족과의 시간을 소중하게 보내고 있다. 또한 **1988년 아내 캐롤라인과 설립한 린치 재단을 통해 은퇴 후 자선활동을 펼치고 있다.** 린치 부부는 각자의 부모가 교육자이기도 하여 특히 장학금 조달 등 교육 지원에 열정적이다.

와, 대단하네 클리어리 캐나디안

최근에 또 한정판으로 새로운 맛을 출시했어

…

역시 유행에는 나보다도 딸이 더 민감하게 반응하는구나

그 후

있잖아, 최근에 이 가게는 바디워시가 인기야

투자에는 딸들의 유행에 대한 관심도가 중요하다는 것을 깨달았다

1990년
매사추세츠주
세인트
아그네스
초등학교

이 종목은 수익을 낼 수 없어!

쾅

너무 부채가 많아!

그래도 실적은 좋잖아!

이 학교의 7학년*은 사회과 수업의 일환으로 특정한 그룹 활동을 진행했다

학생들 스스로 종목을 골라서 가상의 포트폴리오를 만드는 '투자 수업'이었다

* 한국에서는 중학교 1학년

주식 투자로 이기기 위해서는 특별한 학력도 면허도 필요하지 않다고 들었어

그게 사실이라면 아이들도 포트폴리오를 구성할 수 있을 거야

선생님!

존 모리세
세인트 아그네스
초등학교 교사

이렇게 하여 모리세 선생님은 학생들의 운용 성적과 추천 종목 자료를 전설의 펀드매니저인 린치에게 보내기로 결심했다

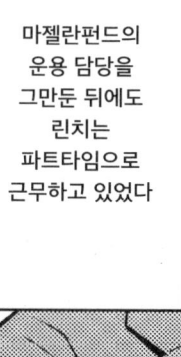

마젤란펀드의 운용 담당을 그만둔 뒤에도 린치는 파트타임으로 근무하고 있었다

> 주요 장면

텐배거를 놓치지 않기 위한 행동

스스로 부과한 '숙제'

1970년대에 아내 캐롤라인이 헤인즈를 발견한 일로 린치는 가까운 사람들로부터 투자의 힌트를 얻을 수 있다는 사실을 깨닫게 되었다. 이후 린치는 펀드매니저를 은퇴하고도 여전히 개인 투자자로서 투자를 계속하고 있었기 때문에 가족들에게 적극적으로 힌트를 얻으려고 노력했다.

은퇴한 지 얼마 되지 않았을 때, 린치에게는 초등학생부터 고등학생까지 3명의 딸이 있었다. 딸들이 무언가 마음에 드는 상품을 발견했을 땐 "이 회사 상장돼 있어?"라고 린치에게 질문하도록 했다. 이 질문을 받을 때마다 **투자처로 적합한 종목인지 조사하는 '숙제'를 스스로에게 냈던 것이다.** 어느 날, 둘째 딸 애니로부터 여느 때와 같이 질문을 받았다. "클리어리 캐나디안 상장돼 있어?" 클리어리 캐나디안은 '클리어리 푸드 앤 비버리지'라는 캐나다 음료 회사가 제조하는 탄산음료였다. 당시 아이들이 이 탄산음료를 너무 좋아해서 항상 집 냉장고에 떨어지지 않게 채워 두고 있었다. 린치는 이 회사의 정보

를 찾기 위해 S&P 종목 정보가 정리된 투자 가이드북을 훑어보았다. 그러나 린치가 찾아봤을 땐 이 회사 이름은 없었으므로 '아직 비상장 기업'이라고 생각하여 조사를 게을리했다.

하지만 클리어리 푸드 앤 비버리지는 이미 상장되어 있었다. 다만 **미국이 아닌 캐나다 거래소에서였다.** 미국에서 상장된 종목을 정리한 가이드북에는 회사명이 올라와 있지 않았으니 자연히 비상장 기업이라고 생각했던 것이다. 이 회사가 상장된 것은 1991년. 당시 주가는 3달러였지만 그 후 불과 1년 만에 26달러 75센트로 뛰어올라 실로 약 9배의 성과를 거뒀다. 이 성적은 미국에서 가장 저명한 투자 주간지 〈바론즈〉에서 1991년 린치가 추천한 그 어느 종목보다도 높았다. 딸이 모처럼 유망한 종목의 '숙제'를 내 줬지만 린치는 캐나다 거래소 상장을 모르고 있었기에 좋은 기회를 놓치고 말았다.

린치가 놓치지 않았던 종목

물론 딸이 준 숙제를 게을리하지 않고 면밀하게 조사한 덕분에 놓치지 않은 종목도 있었다. 쇼핑을 하던 중 딸이 린치를 끌고 '더바디샵'이라는 화장품 가게로 향했다. 이 회사는 과일이나 채소 등 천연 원료를 사용한 코스메틱 브랜드로 쇼핑몰에서도 유독 인기가 좋았다. 그야말로 조사에 걸맞은 대상이었다. 조사 결과, 더바디샵은 영국에서 상장한 기업으로 1988년 미국에 진출한 지는 얼마 안 된 것으로 나타났다. **사업 확대가 아직 초기 단계였기에 적당한 성장률을 유지하는 매력적인 종목이었다.** PER이 너무 높다는 단점은 있었지만 향후 글로벌 전개에 기대를 걸면서 린치의 추천 종목이 되었다.

투자 기법

유명한 시장 이외로도 눈을 돌리기

신흥시장에도 기회가 있다

린치는 가족을 통해 클리어리 캐나디안이라는 유망주에 대한 힌트를 얻었지만 조사를 게을리한 탓에 수익을 얻지는 못했다. 조사를 게을리한 이유는 린치가 보고 있던 투자 가이드북에 해당 종목이 없었기 때문에 비상장이라고 착각했기 때문이다. **평소 눈길이 미치지 않던 거래소에도 눈을 돌려 살펴본다면 텐배거를 발굴할 확률이 높아질 것이다.**

막상 투자 종목을 찾으려고 하면 주요 증권거래소만 찾아보는 경우가 많다. 일본을 예로 들면, 도쿄증권거래소에는 1부보다도 상장 기준이 너그러운 중견기업의 시장 '도쿄증권거래소 2부'도 있고, 신흥기업의 시장인 '마더스', 중소기업 시장인 '자스닥'도 있다. 옆의 그림은 도쿄증권에 상장한 텐배거 종목이 어느 시장에서 거래되고 있는지를 나타낸 것이다. 도쿄증권거래소 1부에는 대형우량기업이 있는데 텐배거 종목에만 한정하여 말하면 텐배거 종목 중 도쿄증권거래소 1부 종목은 약 절반이 된다. 절반을 차지하면 충분하다고 생각할 수 있지만 시각을 바꾸면 '거래 정보를 한 곳에서만 살펴보면 다른 시장의 텐배거 종목을 놓칠 수 있다'는 말이 된다. 1부 외에도 신흥시장 자스닥에서 많은 텐배거가 배출되고 있음을 알 수 있다.

자스닥의 텐배거 종목에는 현장 작업에서 입을 작업복을 판매하는 워크맨(7564)이 있다. 이 회사는 여성복을 포함한 일반 의류로 시장을 확대함으로써

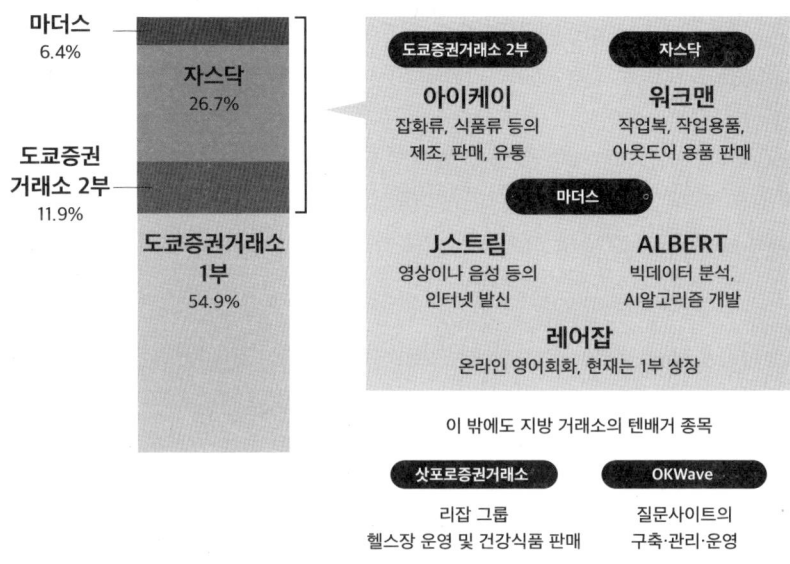

실적과 주가 모두 급상승했다. 단, 도쿄증권거래소는 2022년 4월부터 '프라임', '스탠더드', '그로스'의 3가지 구분으로 변경되었다. 대략적으로 1부 상장기업은 프라임, 2부 상장과 자스닥 상장사가 스탠더드, 마더스와 자스닥 상장사 중 시가총액이 작은 기업은 그로스로 나뉜다. 시장이 3가지로 나뉘어 있어도 포인트는 바뀌지 않는다. 프라임뿐만 아니라 중견기업이 상장하는 스탠더드나 성장이 기대되는 그로스 종목으로도 폭넓게 시야를 확대해야 한다.

지방의 증권소

일본의 경우, 도쿄증권거래소 이외에도 삿포로증권거래소, 나고야증권거래소, 후쿠오카증권거래소가 있다. 이들 거래소에는 주로 지역과 밀접한 기업이 상장되어 있다. 도쿄증권거래소보다 기준이 너그럽고 상장 유지비용이 저렴해 유명한 기업이 도쿄증권거래소 이외의 거래소에서 상장하기도 한다. 예를 들어, 헬스클럽 운영이나 건강식품 판매를 하는 리잡 그룹(2928)은 2006년에 삿포로증권거래소에 상장한 기업이다. 2014년 무렵부터 주가가 급등하기 시작하여 텐배거를 달성한 곳이다. 이처럼 다른 시장에도 눈을 돌림으로써 더 많은 텐배거 종목을 발견할 수 있다. 앞서 소개한 13가지 특징이나 해설했던 소형주를 중심으로 찾으면 좋을 것이다. 특히 신흥시장에는 향후 성장이 기대되는 소형주가 많이 상장되어 있다.

해외주식에도 눈 돌려 보기

해외주식 중에서도 특히 미국주식은 다른 나라 종목에 비해 증권사에서 취급하는 종목 수가 많아 외국인이 투자하기 쉽다. 예를 들면 미국주식 중에는 텐배거를 달성한 종목으로 전자결제서비스를 제공하는 '스퀘어'가 있다. 이 회사는 2009년에 미국에서 창업, 2015년에 뉴욕증권거래소에 상장한 기업이다. **상장 후 약 1년간은 10달러 전후였는데 2021년 8월에는 289달러까지 주가가 올랐다.** 매년 이익성장률이 40~50%라는 경이적인 속도라 린치의 기준으로 생각하면 언제든 '고비'가 찾아올 가능성이 있는 종목이었지만, 음식점과 달리 점포를 차릴 필요가 없어 사업을 급격하게 확장해도 부채가 지나치게 늘어나지 않는다는 장점을 가지고 있었다.

또한 전자결제 서비스 확대라는 시류에도 힘입어 텐배거를 달성할 수 있었다. 일본에서는 2013년에 서비스를 시작했고 빅카메라, 로손 등 이 회사의 결제 서비스를 도입하는 기업을 늘려 왔다. 지불 방법의 선택지 중 새로운 결제 수단이 추가된 것으로 린치의 방법으로 충분히 발견할 수 있는 종목이다.

해외주식은 투자할 종목을 발견할 계기가 적고 실제로 조사할 수 있는 상품과 서비스도 한정되어 있어서 국내주식보다 진입 장벽이 높다. 그러나 국내에서 서비스를 하고 있는 기업이라면 발견할 기회는 충분히 있을 것이다. 결산서를 읽을 때도 '매출액(매출수익)'이나 '이익', '부채'와 같은 간단한 단어를 자동 번역을 돌려 찾는다면 외국어로 표기된 결산서를 통해서도 필요한 내용을 파악할 수 있다. 어느 정도 텐배거를 찾는 방법에 익숙해졌다면 시야를 넓혀 미국주식 같은 해외주식에 주목해 보는 것도 좋을 것이다.

POINT

- 해외시장 등 넓게 바라봄으로써 텐배거를 놓치지 않는다.

주요 장면

초등학생 '투자가'에게 명언을 배우다

70%의 수익률을 낸 초등학생들

은퇴 후 린치는 부담이 되지 않는 범위에서 파트타임으로 피델리티 본사에서 일하고 있었다. 그러던 어느 날 린치 앞으로 세인트 아그네스 초등학교에서 보낸 자료 하나가 도착했다. 거기에는 7학년(한국에서는 중학교 1학년)이 선정한 추천 종목 목록과 금융 상품을 조합하여, 운용 상황을 확인하는 포트폴리오가 담겨 있었다. 2년 만에 70% 수익률을 낸 좋은 실적에 주목한 린치는 이 초등학교와 나눈 교류를 저서 《피터 린치의 이기는 투자》에서 언급하며 어떻게 초등학생이 좋은 성적을 거둘 수 있었는지를 소개했다.

투자 수업에서 가르친 내용

세인트 아그네스 초등학교는 존 모리세 선생님이 담당하는 사회 수업을 통해 주식 포트폴리오를 작성하는 시간을 가졌다. 4명이 한 팀이 되었고, 선생님은 각 팀에 가상의 운용 자금을 주

었다. 학생들은 경제신문을 바탕으로 기업 리스트를 만들었고, 기업별로 조사하여 모은 정보를 바탕으로 팀에서 어떤 종목을 편입해야 하는지 검토했다. 이 방법을 들은 린치는 학교 수업에서 실제 월가의 펀드매니저들이 사용하는 방법을 그대로 활용하고 있다는 사실에 감탄했다.

모리세 선생님은 경제신문 읽기와 같은 기본적인 조사 방법을 지도하면서 몇 가지 포트폴리오 작성 규칙을 만들었다.

① 편입 종목 수는 10종목 이상
② 배당이 많은 종목을 2~3개 넣는다
③ 선택한 기업의 사업에 대해 학급 친구들에게 정확하게 설명한다

이 방법으로 만들어진 가상의 포트폴리오는 당시 S&P500*의 상승률 26%를 크게 웃도는 성적을 냈다. **모리세 선생님과 학생들의 수업 성과는 '아마추어(개인 투자자)야말로 투자로 성공할 수 있다'라는 린치의 신조를 증명했다고 할 수 있었다.** 수업을 통해 학생들은 몇 가지 투자 격언을 만들었다. '손실이 발생하는 건 금방이지만, 이익이 나려면 상당한 시간이 걸린다', '저렴하다는 이유로 살 것이 아니라 이 기업에 대해 잘 알고 있다는 이유로 사야 한다'는 등 그 내용은 린치의 투자술과 공통점이 많았다. 이 중에는 '주식 투자는 항상 분산을 명심하기'라는 분산 투자에 대한 명언도 포함되어 있었다.

---

* S&P500: 미국 주식 시장의 동향을 나타내는 지표. 미국의 대표적인 500개 종목의 주가를 바탕으로 산출된다.

분산 투자의 기준

린치는 펀드매니저로 활동하던 시절부터 분산 투자를 권장했지만 구체적으로 몇 가지의 종목으로 어떻게 분산해야 한다는 기준은 가지고 있지 않았다. 현역 시절의 린치는 '하나라도 많은 텐배거 종목을 줍사'라는 목적을 가지고 분산 투자를 했기 때문이다. 하지만 세인트 아그네스 초등학교와 나눈 교류 이후, 실제 개인 투자자의 투자를 언급함으로써 구체적인 기준을 제시하게 되었다. 다음부터는 린치가 도달한 결론인 '적절한 분산 투자의 종목 수'에 대해 설명하겠다.

투자 기법

보유 종목 수는
5종목 이내

> 분산 투자와 집중 투자의 장단점

분산 투자

린치가 권장

장점
- 한쪽이 떨어지더라도 한쪽이 오르면 안정된 시세 변동을 기대할 수 있다
- **텐배거를 잡을 가능성이 커진다**

단점
- 지나치게 분산하면 관리가 부담된다
- 집중 투자에 비해 수익률이 낮아진다

집중 투자

장점
- 주가가 오른 만큼 그대로 이익이 된다

단점
- 주가가 내린 만큼 그대로 손실이 된다

5종목 룰의 이점

종목 ①~⑤ 5가지로 분산하여 투자하기

※ 유망한 종목을 골랐다는 것을 전제로 한다

종목 ①~③
텐배거 정도까지는 아니지만 웬만한 성과가 있다

> 실적이 좋고 장기로 보유할 수 있다면 향후 성장할 가능성도 있다

종목 ④
예기치 못한 실적 저하 등으로 손실이 나다

> 프로라도 실패는 언제나 할 수 있는 법. 100% 피하는 것은 불가능하다

종목 ⑤
예상이 맞아 큰 성과를 내다

> 큰 성과를 낸 종목이 있으면 손실도 충분히 커버할 수 있다

분산 투자로 리스크 회피

지금까지 종목 조사법, 선택법, 매매법 등에 대해 소개했다. 마지막으로 '몇 개의 종목을 보유해야 하는가'에 대해 설명하겠다. 투자의 세계에서는 '분산 투자'와 '집중 투자' 중 어느 쪽이 높은 수익률을 내는가에 대한 갑론을박이 있다. 분산 투자란 이름 그대로 투자처를 여러 개로 분산시켜 손실 위험을 피하는 것이다. 예를 들어 10종목에 투자하여 그 중 3종목의 가격이 크게 하락했더라도 나머지 7종목의 수익률이 높다면 손실을 커버할 수 있는 것이다.

리스크를 분산하려면 업종이 다른 종목으로 분산할 필요가 있다. 만일 국내 IT계열 종목을 10개 골라서 투자했다 하더라도 IT 산업 전체의 실적이 떨어졌다면 손실을 커버할 수 없을 것이다. 즉, 같은 종목으로만 선택한 것은 효과적인 분산 투자가 아니다. IT, 자동차, 소매 등 서로 다른 업계의 종목을 선택하는 것이 바람직하다.

린치는 분산 투자의 장점으로 **'투자처를 늘림으로써 텐배거를 잡을 확률이 높아진다'**는 점을 꼽았다. 큰 가격 상승을 기대하지 않고 담은 종목이 생각지도 못한 이유로 급등할 수 있기 때문에 분산을 통해 텐배거를 노리는 것이 조금 더 쉬워진다. 반면에 투자처를 너무 분산시킨다면 종목마다 동향을 따라잡기 어려워질 수 있으며, 실적이나 PER 등의 변화를 빠르게 눈치채기 어려워진다는 단점이 있다. 종목별 동향을 쫓지 못하면 적절한 매도 타이밍을 놓칠 수 있기 때문에 종목을 너무 많이 보유하는 것은 주객전도이다.

반면 집중 투자는 **특정 종목에만 투자하는 것이다.** 장점은 해당 종목이 크게 성장했을 때 그만큼 높은 수익을 노릴 수 있다는 점이다. 반대로 가격이 크게 하락할 가능성도 있으므로 하이리스크·하이리턴이라 할 수 있다. 하지

> 개인 투자자가 동향 추적이 가능한 종목 수

1~3종목
관찰 종목이 적으면 보유 종목도 적어져 분산 투자라 할 수 없는 상태가 된다

8~12종목
개인 투자자가 부담 없이 관찰할 수 있고, 이 중에서 매수 조건에 적합한 종목에 투자한다

20종목 이상
관찰에 들이는 시간이 많아져서 다소 무리하여 종목의 동향을 쫓게 된다

> 생활 패턴에 따라 동향 추적이 쉬운 종목 수로 변경해도 좋다

만 현재 소형 성장주로 집중 투자를 하여 큰 수익을 얻었다는 개인 투자자 블로그도 많이 있기에, 리스크를 충분히 이해한 후라면 대박을 노릴 가능성이 있는 투자이다. 린치가 활약하던 시대에도 유명 투자자들이 분산 투자파와 집중 투자파로 나뉘었다. 하지만 린치는 지금도 여전히 분산 투자를 강조하고 있다.

린치의 추천은 분산 투자

린치는 개인 투자자가 하는 주식 투자는 '5종목 내의 분산 투자'를 권장하고 있다. 그 이유는 앞에서 설명한 바와 같이 리스크의 분산이 가능하기 때문이다. 린치에 의하면 5종목에 투자하면 하나는 주가가 크게 상승하고 하나는 주가가 크게 하락하고 나머지는 웬만한 성과를 낸다고 한다. 설령 투자한 종목 중 4개가 텐배거가 되지 않았더라도 나머지 1종목이 괜찮다면 충분히 자산을 늘릴 가능성이 있는 것이다.

1종목에만 투자한 경우, 보통의 평범한 결과가 나왔다면 자산 증가는 미미할 것이다. 운이 나쁘면 주가가 크게 하락할 수도 있다. 보유한 종목을 5가지로 제한함으로써 종목 관리를 쉽게 할 수 있다는 장점도 있다. **또한 관찰 대상으로서 개인 투자자가 항상 동향을 쫓을 수 있는 종목 수는 8~12종목 정도라고 한다.** 이 정도의 종목 수라면 큰 부담이 되지 않아 무리 없이 관찰을 이어갈 수 있다. 단, 동향을 쫓는 종목=투자에 적합한 종목인 것은 아니다. 예를 들어, '사업 확대를 계획하고 있는 종목이 있지만 그 방안이 약간 불안해서 잠시 보류하고 싶다', '실적이 하락 중이므로 투자는 보류하고 동향을 추적하고 싶다' 등의 경우라면 관망도 필요하다.

이 때문에 동향을 쫓는 것은 8~12종목, 동시에 보유할 종목 수는 5종목으로 한정하는 것이 좋다. 이는 조사 부담을 줄이고 동시에 리스크를 적절히 분산할 수 있는 방법이다. 린치는 펀드매니저로서 수백 개가 넘는 종목을 관찰하고 있었다. 하지만 펀드 포트폴리오를 짜는 것과 개인 투자자 포트폴리오를 짜는 것은 조사에 들이는 인력, 자본금의 규모가 전혀 다르기 때문에 비교 대상이 아니다. 앞에서 설명했듯이 린치가 100개의 종목에 투자한다고 해서 개인 투자자가 그 종목 수까지 따라 투자할 필요는 없다는 말이다.

POINT

- 보유 종목은 5종목 이내가 기준
- 동향을 쫓는 종목은 8~12종목이 기준

피터 린치의 연대기

전설의 펀드매니저였던 린치의 인생을 되짚어 본다.

START

| 1944년 | 0세 |
1월 19일 매사추세츠주 뉴턴에서 태어나다

| 1954년 | 10세 |
아버지를 여의다

| 1955년 | 11세 |
골프장 캐디 아르바이트를 시작하다

| 1961년 | 17세 |
보스턴 칼리지 입학

* 연대기에 기재된 일러스트는 만화에서 소개된 장면을 발췌하여 디자인 처리한 것이다.

| 1974년 | 30세 |

리서치디렉터로 승진

| 1977년 | 33세 |

마젤란펀드 운용 담당

| 1978년 | 34세 |

라 킨타 모터 인을 조사하여
주식을 구입

| 1981년 | 37세 |

판매정지 상태였던
마젤란펀드의 판매 재개

| 1982년 | 38세 |

크라이슬러에 투자
인기 프로그램 <월스트리트 위크>에
출연한 후 지명도 상승

| 1987년 | 43세 |

블랙먼데이* 발생

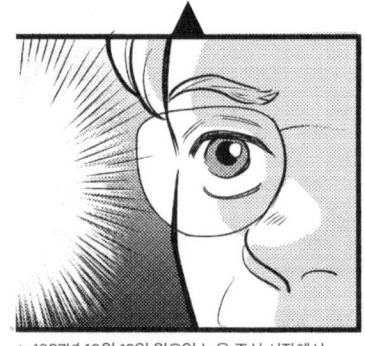

* 1987년 10월 19일 월요일 뉴욕 주식 시장에서 일어난 주가 대폭락. 다우 평균 지수가 508달러까지 떨어져 하락률은 22.6%가 되었다.

마치며

여기까지 읽어 주셔서 고맙습니다. 린치의 분류에 따르면 주식에는 ①저성장주 ②우량주 ③자산주 ④급성장주 ⑤시황관련주 ⑥실적회복주 등 6가지 유형이 있습니다. 제대로 거래한다면 어느 종목이라도 이익을 낼 수 있지만, 특히 ④~⑥ 종목은 텐배거를 노리기 쉽습니다.

어느 유형이 투자에 적합한지는 여러분 자신의 성격에 달려 있습니다. 적극적인 성격이라면 급성장주, 논리적으로 생각하는 것을 좋아한다면 시황관련주, 시장의 흐름과는 반대되는 선택을 통해 기회를 노리고 싶다면 실적회복주에 투자하는 식입니다. 자신에게 맞지 않는 방법으로 투자한다면 수익이 잘 나지 않을 겁니다. 어떤 유형의 종목이 잘 맞는지는 직접 투자해 봐야 알 수 있습니다. 먼저 실천해 보고 자신에게 맞는 방법을 찾는 것이야말로 주식 투자로 성공하기 위한 첫걸음입니다. 꼭 멋진 종목을 찾아보길 바랍니다.

첫 주식은 피터 린치처럼
종목 선택부터 매매까지, 월가의 전설에게 배우다

초판 발행 | 2025년 5월 19일
펴낸곳 | 현익출판
발행인 | 현호영
감　수 | 가코이 슌스케
그　림 | 차보
옮긴이 | 류지현
편　집 | 송희영, 황현아
디자인 | 강지연
주　소 | 서울특별시 마포구 월드컵북로58길 10, 더팬빌딩 9층
팩　스 | 070.8224.4322

ISBN　979-11-94793-01-4

MANGA DE WAKARU PETER LYNCH NO TOSHIJYUTSU

Copyright © standards 2021
All rights reserved.

Original Japanese edition published in 2021 by standards inc.
Korean translation rights arranged with standards inc., Tokyo
through Eric Yang Agency Co., Seoul.
Korean translation rights ©2025 by Goldsmiths

이 책의 한국어판 저작권은 에릭양 에이전시를 통해 저작권자와 독점 계약한 골드스미스에 있습니다. 저작권법에 의해 한국 내에서 보호를 받는 저작물이므로 무단전재와 복제를 금합니다.

* 현익출판은 골드스미스 출판그룹의 일반 단행본 출판 브랜드입니다.
* 출판사의 허가 없이 본 도서를 편집 또는 재구성할 수 없습니다.
* 잘못 만든 책은 구입하신 서점에서 바꿔 드립니다.

좋은 아이디어와 제안이 있으시면 출판을 통해 가치를 나누시길 바랍니다.
uxreviewkorea@gmail.com